LOVE & PEACE
ナワプラサードが選ぶ
100冊の本

高橋ゆりこ

新泉社

イラスト　内海朗

生命《いのち》のひみつについて思うとき、
生命のひみつはひみつとして
わたしの存在を祝福したいとき、
そのひみつを
わたしの身体をとおして知りたいとき、
そのひみつをほかのひとたちと
分かちあいたいとき、

役に立つ本屋になりたいです。

新しいおくりもの、　ナワプラサード
高橋ゆりこ

INDEX

はじめに

この本は、東京・西荻窪のほびっと村学校というユニークな自主講座の学校と、併設する書店ナワプラサードの、かわら版という新聞に書かれた本の紹介と編集後記を加筆再編集したものです。かわら版は年六回の発行で、ほびっと村学校の活動を紹介してきました。ほびっと村には三〇年近い長ぁ〜い歴史があり、かつてはカウンターカルチャーの牙城とか、有機ビルのハシリといわれたものですが、じつは今でも本質的にはかわっていないと思います。こんなところは今でも他にあまりない。一階が有機野菜を扱う八百屋、二階がその野菜を使ったレストラン、三階が本屋と学校とギャラリーです。かわら版はその三階の活動を主に紹介しています。わたしは、九四年四月から正式に三階の責任者になりました。それまで男の力でぐいぐいやっていた学校や書店を、女のわたしがどう引き継ぐか、とまどいながら、きもちいい風がいつも吹いているように、と願いながらやってきました。

この本をつくるにあたって、一〇〇冊の書評に挑んだのですが、なかなかおもしろい作業になりました。本を選ぶというのは、わたしが選ぶのではなく、しぜんに選ばれていった、というのがあたっているると思います。ここに集う人たちの買う本を集めていったらこうなった、のです。もちろんこちらの趣味も少しは入っているのですが、その割合は多くありません。また歴代スタッフの人たちの文章も、読み直してみて泣かせるものがあり、ほんのわずかしか載せられませんでしたが、こんな本屋がある、ということを知らしめる一助になればと思いました。巻末にほびっと村学校での講座の一覧をつけました。九四年に、プラサード書店からナワプラサードとして、代替わりしたのですが、それより以前のことは、巻末のきこりさんの文章をごらんください。

西荻窪はおもしろい町です。個人経営のアンティーク・ショップやユニークな食堂がいっぱい、みんな勝手きままに活動している感じの町です。ちょっと駅を離れると住宅街となり、その庭には、四季おりおり花が咲き乱れています。西荻散策のついでに、ほびっと村にもお寄りください。

執筆者一覧

▼（ま）00年8月よりこの本出版まで中心的スタッフ。おしゃれ、料理大好き。身体感覚を、ばーっと走ったり、とぼけたり、踊ったりで追求中。

▼（由）99年1月より03年12月まで。プロレスと猫と夢と太鼓とコミックが大好きというロック姉ちゃん。Stay sweet, honey!

▼（う）ほびっと村学校かわら版を一緒につくってきた画家。今回の本の表紙と挿絵も担当。かわら版に、LOVE & PEACE comixも描いています。

▼（な）97年5月より00年9月まで。小さな天才とわたしは呼んだ。今は九州で二児の母。その文章はほんとに正直でストレートなので、ここに載せたかったのでした。

▼（結）いちばん若い現スタッフ。でもいちばん大人かも？の落ち着きはヒッピー2世のせいかしら。徳もいちばん高そう。カナダのシュタイナー学校出身。

▼（野外活動家　池田奈緒美）かつては治療家、今は登山家、ネイチャーインストラクターです。ときどき店に来ては、独特の視点でいろんなことを教えてくれます。

▼（長本兄弟商会　ガク）ナモ商会のいまや中堅スタッフ。パラグライダー、自転車、釣り、ロッククライミングとその活動は止まるところを知らない。

▼（フェルデンクライスメソッド講師　川前涼子）ほびっと村学校講師です。星と猫が大好き、繊細なところとぬけたところとあいまって、結局は恵まれた強い人かも……。

▼（八百屋のナモ）長本兄弟商会の中心的人物。シャイで過激なおじさま。『みんな八百屋にな〜れ』（晶文社）という本が今でも売れています。

▼（詩人　梅野泉）仏教の意味を私に教えてくれた人です。仏教詩人というと、「え、違うよ」と言われましたが、私はまだそう思っています。自由と慈愛の間で、言葉を紡ぎだす天才です。

▼（ゆ）ナワプラサード、ほびっと村学校代表。だれでもそうだけど、自分のことはよくわかりません。〈表記のないものは、すべて（ゆ）の文章です。〉

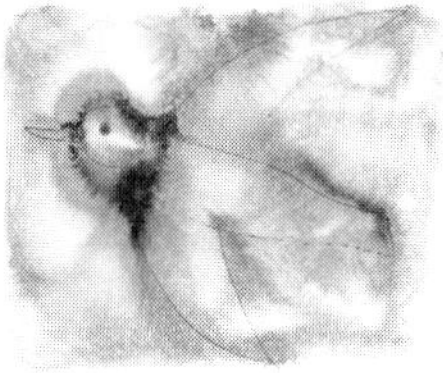

NAWA PRASAD'S RECOMMENDED
100

CATEGORY

こどものためのドラッグ大全

著／深見填　発行／理論社　1200円+税

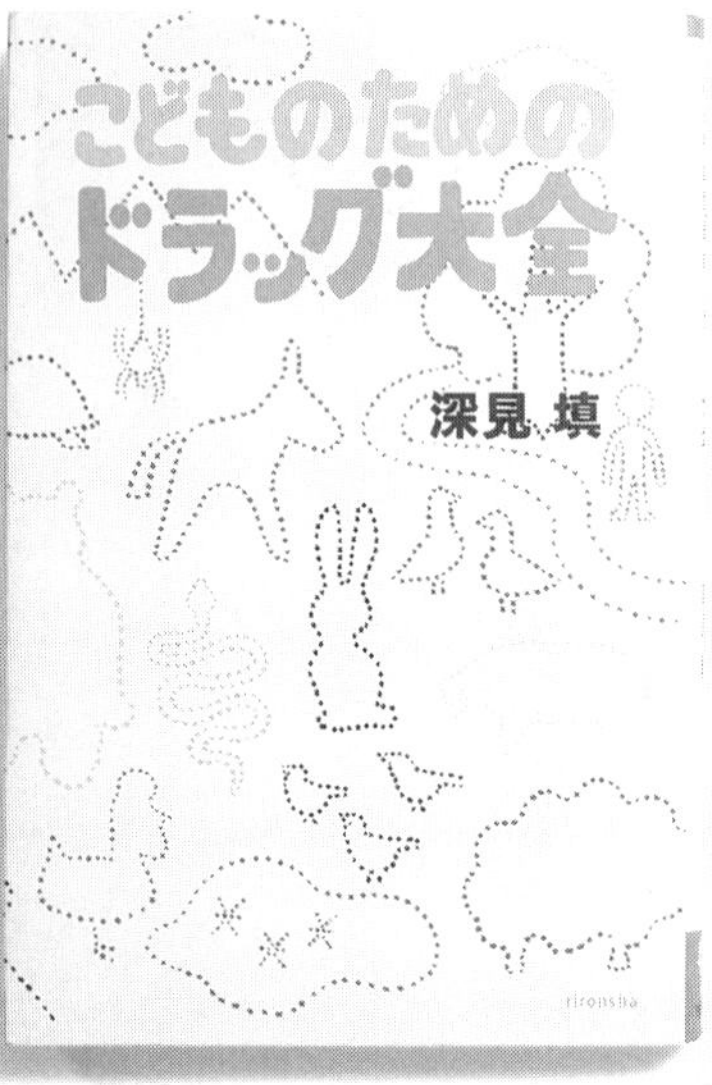

I▼読めばわかるたいへんいい本です。今までこんな風に包み隠さずドラッグについて書かれた子ども向けの本はなかったんじゃないかな？　街なかで簡単に手に入る現状で、行政は後手にまわる昨今、若い子たちのあいだ（若い子ばっかじゃないなー）ではけっこう深刻な問題だと思う。薬物依存症はきちんとした対応をとれば必ず治癒する病気です。一度自転車の乗り方を覚えた人は一〇年間まったく乗らなくても乗れるけど、自転車にしないで、歩いたり、原付に乗り換えればいいだけだよ、立ち直る方法はいくらでもある、と頼もしい。また自助グループなどの資料も詳しく載っていて大人にもおすすめの本です。（ま）

ライオンのうた
MESSAGE THROUGH BOB MARLEY

編／内海朗、真砂秀明ほか25人のアーティスト　バンブースタジオ
発行／TEN BOOKS　2500円+税

2▼ 二〇〇一年のボブ・マーレー二〇周忌にちなんだ待望の再版です。ボブが逝ってそんなにたったのか。わたしは昔、この本を出産祝いに贈られました。贈り主の言葉は「新しい命にはボブのビートで祝福を」ってね。とてもうれしくて、わたしも友人たちにプレゼントしたよ。命のバトンをつなぐ「出産」の記念に、愛と勇気をくれる一冊だったから！　どれだけ時間が過ぎても、ボブの歌は古臭くならない。ボブ・マーレーの音楽から貰ったものを、二五人のアーティストが絵や物語で教えてくれる、きれいですてきな絵本。初版は一九八九年、でもこの本の輝きもボブの歌とともに、決して鈍くなりません。（由）

NO NUKES ONE LOVE
いのちの祭り'88 JAMMING BOOK

編著／ONE LOVE Jamming
発行／プラサード書店　2913円+税

3▼「いのちの祭り」、聞いたことあるかな？　一九八八年、〝原発やめよ〜！〟の声が高まるなか、八ヶ岳のふもとでラブ&ピースの祭りが行われた。八〇〇〇〜一万人が集まったといわれ、日本の野外コンサートやレイブシーンの原点となった。ゴミの問題もきちっとしてたところが、今の若い子たちからもリスペクトされている。その貴重なビジュアルドキュメントです。今読み直してみても、ほんとに力強いメッセージを発していいます。いのちの祭りは適正技術の実験場でもありました。毎日「DAILY GAIA」という新聞も発行されていたのです。この本の責任編集はプラサード書店のきこりさん。（う）

ワンダーアイズ
世界の子どもたちが写した写真集

編／ワンダーアイズプロジェクト
発行／求龍堂　1500円+税

4▼

東ティモール、ウズベキスタン、オーストラリア、ブラジル、モザンビーク、日本など、子どもたちにカメラを渡した永武ひかる（写真家）のプロジェクト。生まれてはじめてカメラを使う子どもたちの視点は、ほんとにひとつひとつユニークだ。未来の担い手の、宝のような、一瞬一瞬が、どれも踊っている。すてき！　すてき！　本にするとき写真を選ぶのたいへんだったろうなと同情します。写真展を各国で開くのもプログラムのうち。すてきな試み、応援したいです。（ゆ）

音の神秘
生命は音楽を奏でる

著／ハズラト・イナーヤト・ハーン　訳／土取利行
発行／平河出版社　2000円+税

5▼「聴くことは、耳で聴くことを意味するものではありません。それは応答を意味します。天や地への応答、つまり、魂を解放してくれるあらゆる影響力に応答することです」!! インド音楽の名手でもあった、スーフィズムの伝道者による、深い、祈りのような、神秘の言葉に満ちた本です。どのページを開けても、何度読み返しても、そのつど勇気や霊感を与えてくれます。「力のある書物」というのは、こういう本のことをいうのだね。翻訳は世界のパーカショニスト、土取利行さん。この本にふさわしい訳者です。(ゆ)

大野一雄　稽古の言葉

著／大野一雄　編／大野一雄舞踏研究所
発行／フィルムアート社　2100円+税

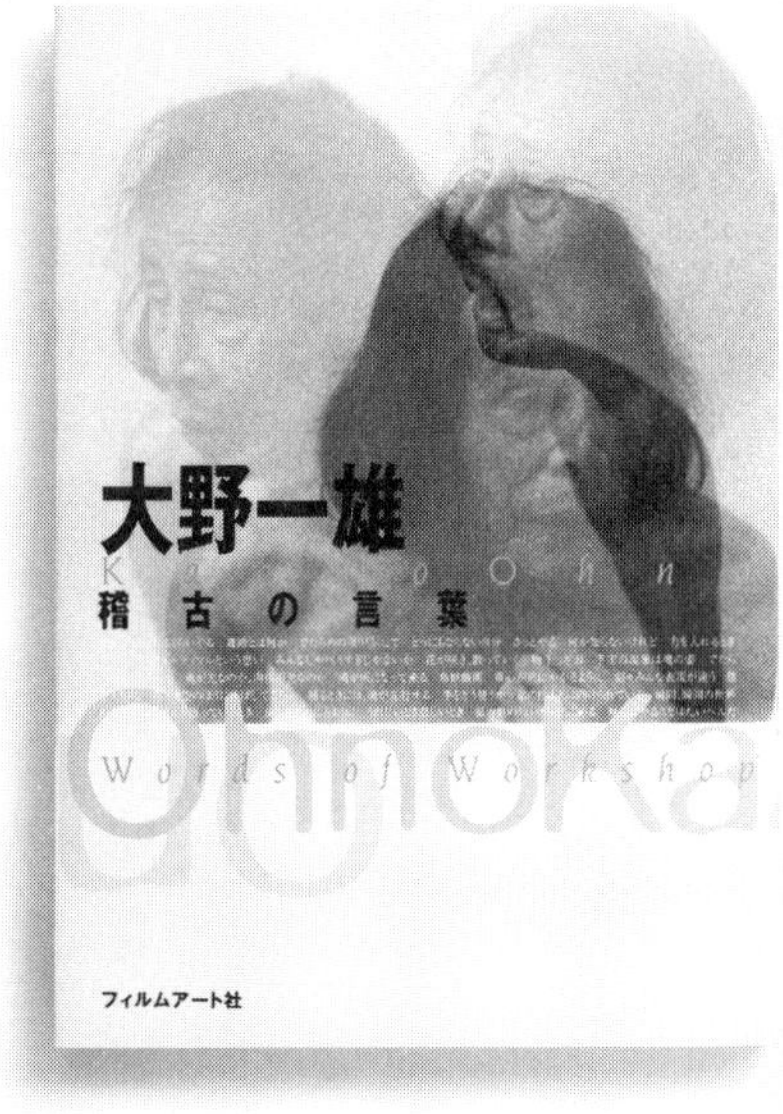

6 ▼ 二〇〇六年一〇〇歳になった舞踏家の稽古のライブ。「箸を持って御飯を食べるときに、その箸が宇宙の果てまで伸びていって、あなたが生きる証しのような、喜びのような、悲しみそのもののような箸となって、あなたが食事するときに何気なくもつ箸が、そんな箸であってほしい。今は気づかなくていいが、千年たっても万年たっても気づかないとすれば、その箸の持ち方はだめだ」。「われわれの考える宇宙は一つではなかった。無限に宇宙がある。あの宇宙、この宇宙、そのなかであなたの願いは成立する。願いのとおり、願ったときには行動しているはずだ。本能がそのように姿を変えて」。(ゆ)

てつがくのさる

写真／渡辺眸　発行／ナピポ　1600円+税

7▼ 眸《ひとみ》さんの写真はこれまでだってすごかったけど、この猿もすごいです。真人間ならぬ、ま・さる・たちのなんともいえない、いい表情。どうしてこんな写真が撮れるの、写真のかみさまがついているとしか思えないよ。小さな本で、言葉がない。でもその猿たちを見たら、人は時間を超えたなにかを感じざるをえない、ほんとに不思議な本です。眸さんは、東大全共闘・テキ屋の世界・インド・猿・蓮（LOTUS）と次々とテーマを変えながらも、そのときどきのいのちと融合しているかのような写真を撮る女の人です。（ゆ）

すべてがうまくいかないとき
チベット密教からのアドバイス

著／ペマ・チュードゥン　訳／ハーディング祥子
発行／めるくまーる　1600円+税

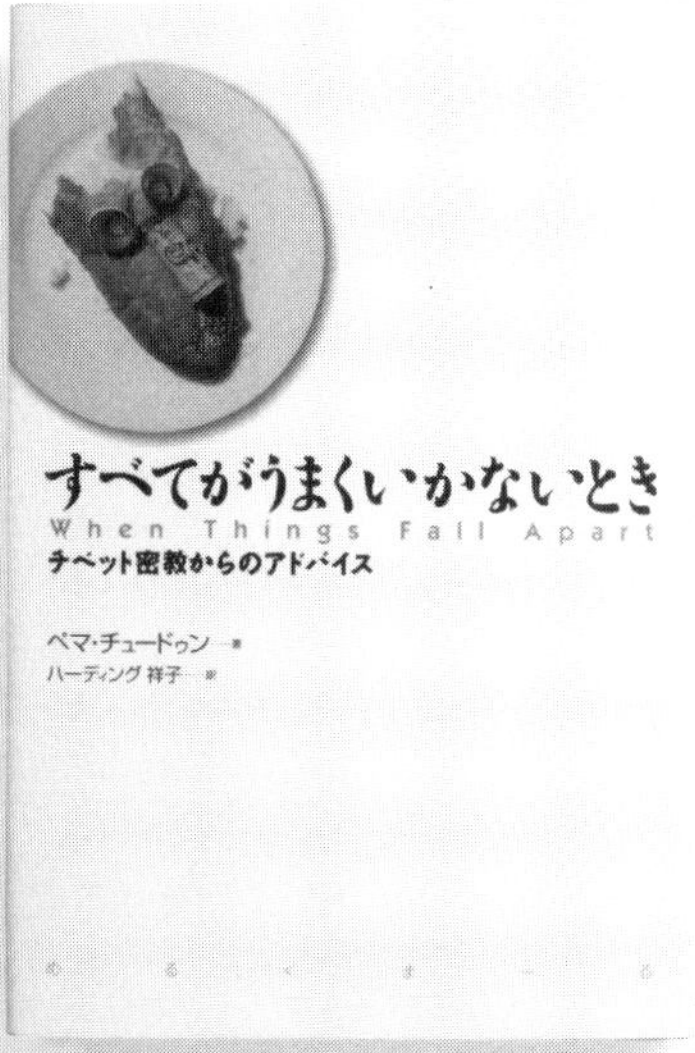

8▼ じわじわと売れ続けています。自分をみつめることで、心にスペースをもつことが、今、ほんとに必要とされていると感じます。すべてがうまくいかないときこそ目覚めのチャンス、と著者は書きます。自分の限界に達したとき、それをみるとき、なにかがかわるのかも。仏教の教えはいつも根源的で、自分が裸になるきもちがします。洋服を着ようとしてもいつも脱がされる。著者は、北米にチベット仏教を紹介したチョギャム・トルンパ師の高弟である白人女性です。(ゆ)

ダライ・ラマ　怒りを癒す

著／ダライ・ラマ14世テンジンギャツォ　訳／三浦順子
発行／講談社　1900円+税

9▼ 人としての品位。久しぶりにそんなコトバが胸に広がった。これは、仏典の名著中の名著、シャーンティデーヴァの「入菩提行論」の忍耐の章をテキストに、現代最高の智慧と慈悲の体現者ダライ・ラマがアメリカで行った講演録。じんじん胸にしみる読む薬。テキストの詩句は暗唱したくなるほど妙味に富み、ダライ・ラマの解説は磨きこまれた宝石を思わせる。キレルとか、ムカツクとか、そんなコトバを吐くのが恥ずかしくなる。ちなみに、ナワプラサードのロングセラーだそうです。(詩人　梅野泉)

仏の教え　ビーイング・ピース
ほほえみが人を生かす

著／ティク・ナット・ハン　訳／棚橋一晃
発行／中央公論新社　571円+税

IO

▼ポケットに仏教はいかが。
ティク・ナット・ハンはベトナム出身の禅僧で、詩人、平和活動家としても欧米では知られた存在。縁起という日本では古色蒼然とした仏教用語を、INTERBEINGという言葉で表わした人です。すべてが相互に関わってあり、微笑んで平和のうちにある、という仏の教えを忍耐強くやさしく説いた本です。九五年に日本にいらしたときは、本屋として一緒に各地をまわりましたが、それはそれは大きな体験でした。ハン師の小柄な後ろ姿の美しさが鮮明に印象に残っています。（ゆ）

自分を変える気づきの瞑想法
やさしい！楽しい！今すぐできる！図解／実践ヴィパッサナー瞑想法

著／アルボムッレ・スマナサーラ　発行／サンガ　1400円+税

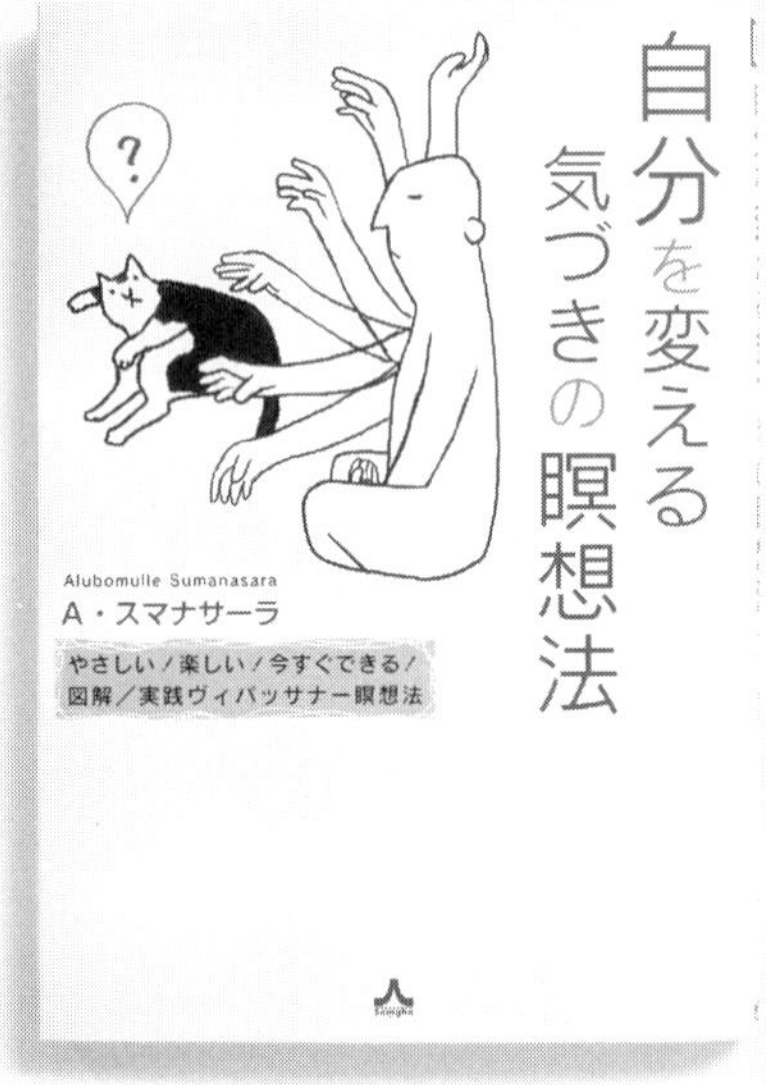

II ▼ 先日スマナサーラ師の瞑想指導に参加してみた。老師は死体とわたしたちとの違いをあげさせた。死体は呼吸しない、動かない、返事をしない。よし。また、思考しない、と答えた人がいた。すると老師はそこが違う、外から見てわからないこと、そこに主観がはいっているのだと。「わたし」という主観を省いてありのままにみつめること。状況に感情を付けない実況中継で、情報に左右されない強いこころを育てるヴィパッサナー瞑想法。この本には誰でもできるやり方が載っています。考えないようにがんばればがんばるほど、知恵は勝手にあらわれてくる、と老師のお言葉は頼もしいです。(ま)

健康生活の原理
活元運動のすすめ

著／野口晴哉　発行／全生社　500円+税

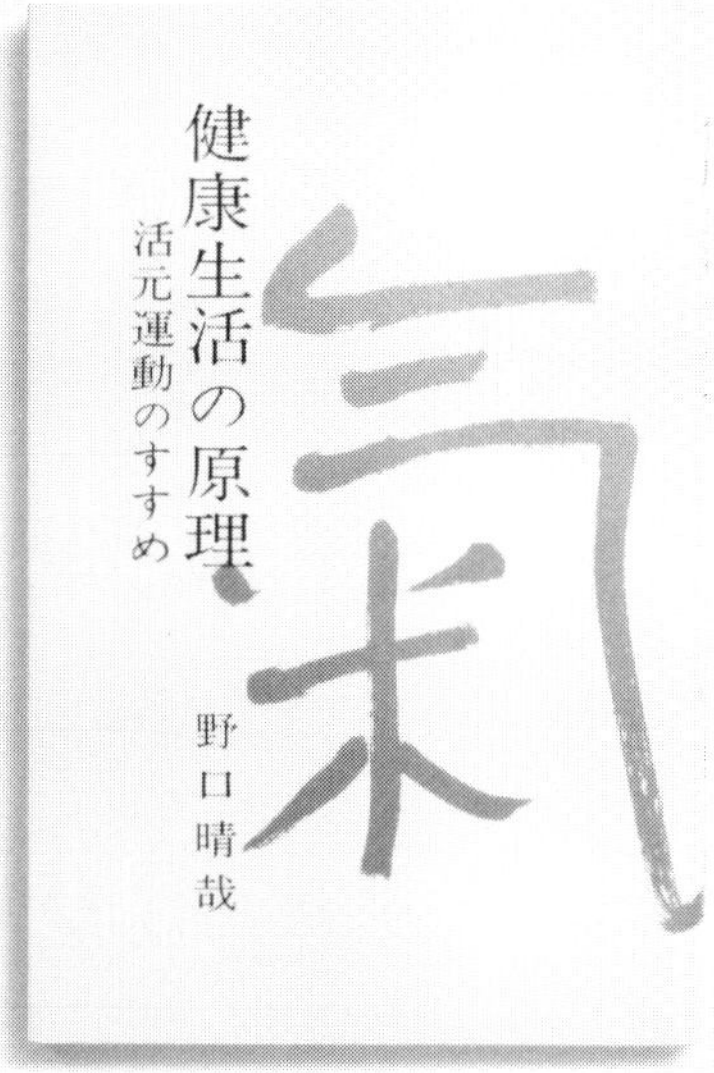

12▼整体の勉強をはじめて二年ほどしたある朝、あ、生理終わったな、と思ったら午前中かけて左の骨盤がじょじょに閉じてゆくのを感じた。午後になると右側がゆっくり閉じはじめたのだ。からだってすごいな、と思った。この本はもともとそなわっているからだの叡智と、こころの無意識のつながりを野口晴哉が伝えた言葉が載っています。「愉気法」「活元運動」ふたりで行う「相互運動」など写真付きで紹介。また「質疑応答」は大変参考になります。相手のいのちに礼を尽くして天心で行うことの大切さを再確認し、いつでも基本に立ち返ることができる入門編にもぴったりな本です。（ま）

12のか・ら・だ　12のセックス
本当の生と性を知るための24の方法

著／岡島瑞徳　発行／木楽舎　1300円+税

13▼ 12カ月のからだの整え方は、具体的な知恵がいっぱい（乾燥した冬には水を飲む、夏の汗の処理のしかた等）。12のセックスのほうは、男性中心の房中術にかたむきがちだが、後頭部を包丁で刺された男の勃起の話はおもしろかったな。絶命寸前なのに、である。包丁を抜こうとすると萎縮し、元に戻すと再びボッキ。これがヒントになって著者の師匠は老人の回春処方に後頭部への気の集中を行うようになったという。この師匠というのは野口晴哉かな。整体の処方は奇想天外。ふつうの人には身体の全体がみえないため、そうだとしてもね。なかなかねえ。同シリーズ『悪い腰、いい腰』（木楽舎）もおすすめ。（ゆ）

女性のからだの整体法
からだの悩みを解消する 6つのテーマと四季のお手入れ

著／野村奈央　発行／七つ森書館　1200円+税

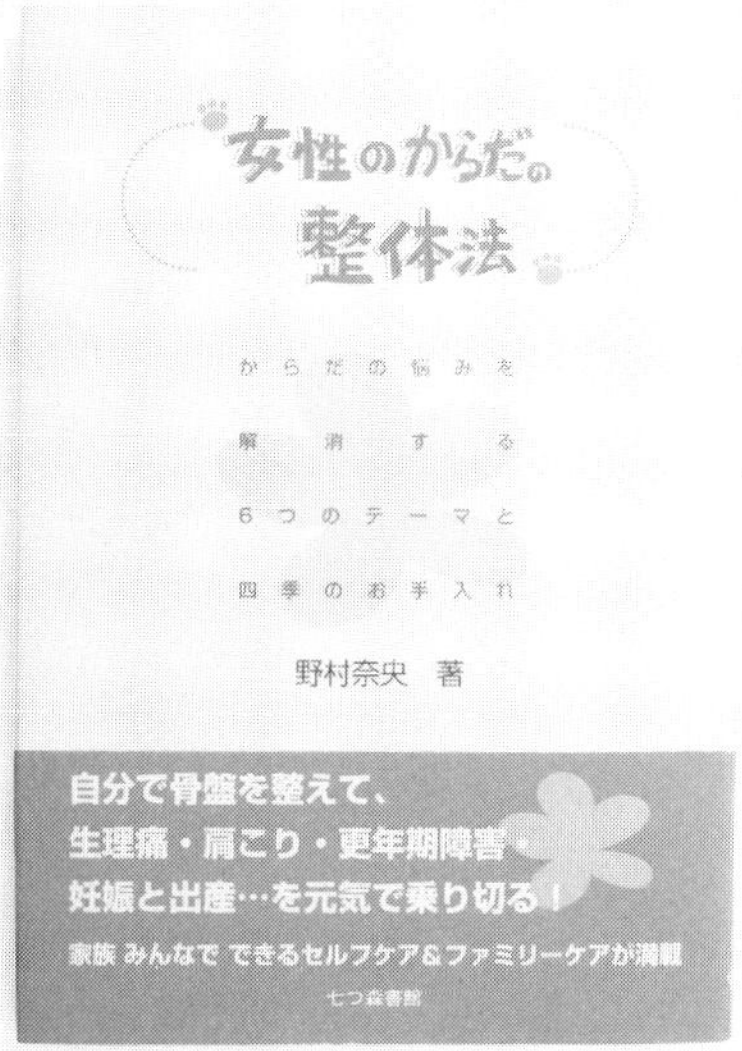

14
▼わたしは著者と同様、女の人のからだが心配。若い友人たちが子どもをもつかもたないかで深く悩んでいる。素直に子どもが生めない世の中、からだ（バリバリこわばりのからだ、生理不順等）だもの。著者は赤城山で畑を耕しながら整体を教えていて、年々ひどくなるみんなのからだをみて、まず生理の前後の骨盤調整としての足首まわしを提唱。実際にわたしも奈央先生にやっていただいたが、ほんとにからだが伸びるのにびっくり、そうすると可動性もでてきて（自然に活元運動になった）、なんだか幸せになる。整体の本はいろいろでているけど、女の人が書いた女の人向けの本はなかったと思う。値段も手頃でおすすめです。（ゆ）

気功革命　癒す力を呼び覚ます

著／盛鶴延　発行／コスモス・ライブラリー　1800円+税

15▼気功の本は数あれど、丁寧なつくり+内容のよさで、これは決定版です。他のボディワークをしている人にも、この気功の本はいろいろ役にたちます。イラストも秀逸です。気の流れが伝わってくるような絵です。著者の絵ですって。わかっている人が描くとこうも違うのか。またこの本の特徴は、樹林気功のおすすめ。自分と相性のいい木を選んでそのもとで気功をするとパワー倍増。たとえば発散したい人は桜や桃、楠、パワーをもらいたい人は松、竹など。また治療を中心にした『気功革命・治癒力編』（発行元、値段は同じ）もでました。病気で悩んでいる人はまずこちらを。（ゆ）

二人ヨーガ 楽健法
医者に頼らず生きる術

著／山内宥厳　発行／楽健法研究会本部・東光寺　2000円+税

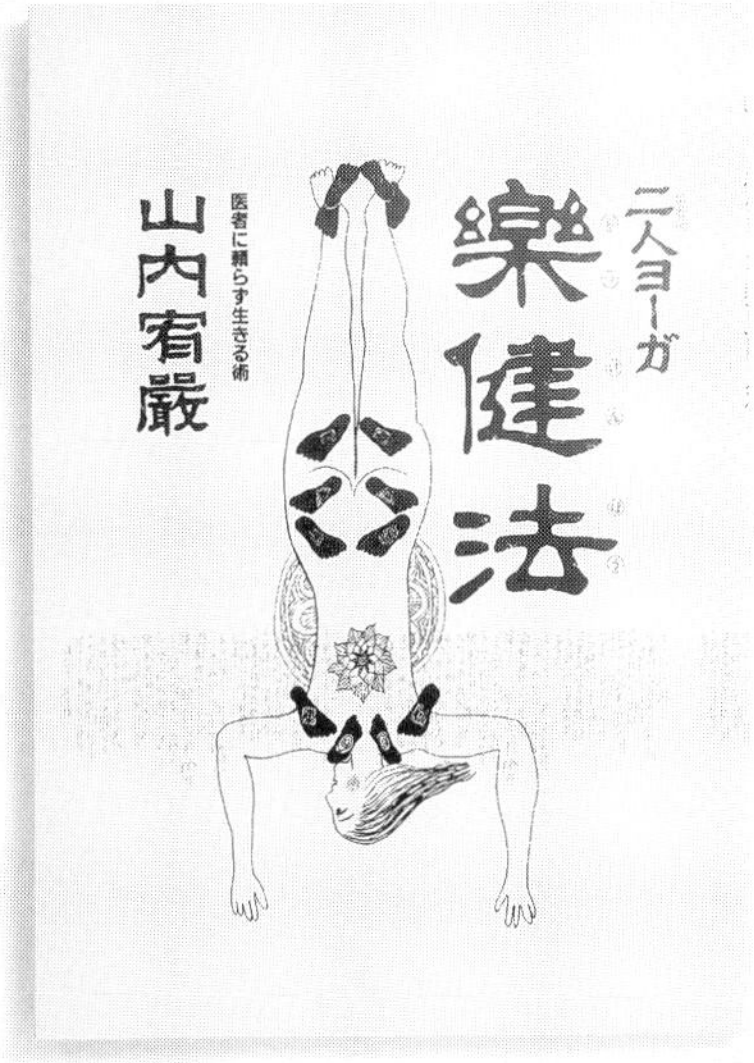

16▼ ナワプラサードのロングセラーだったライトプレス社版が絶版になってとても残念だったので、入荷をお願いした本家東光寺版。ふたりで組んで、足で踏みあえば、いいことだらけです。足の付け根、そけい部、ひざ、腕の付け根、というふうに丁寧に足で押していきます。ささめやゆきさんのイラストが実にすてきで、わかりいいです。カップルでできるというのが最高です。後半は、山内さんの半生の物語です。喘息に苦しみ、玄米に出会い、天然酵母パンに出会い、発心して寺をつくり、医者に頼らない生き方を実施している方です。（ゆ）

新 自分で治す 「冷え症」

著／田中美津　発行／マガジンハウス　1143円+税

17

「からだ」が冷えると「こころ」も冷える。「こころ」が冷えるとネガティブ思考のぐーるぐる。これはいかんです。「こころ」の入れ物「からだ」の慢性的な不調を冷え退治でやっつける、たのもし〜い一冊。ずっと売れ続けてきたこの本がパワーアップして再登場。弱いからだはいいからだ。だって、今つらいよ〜って教えてくれてるんだもん。こんな症状だったらこうなのね、じゃあこうしよう！とQ&A形式で自分でできる具体的な養生法がわかります。東洋医学の観点から病気になる前の未病を防いで、「こころ」と「からだ」をいたわろう。わたしは足湯とこんにゃく湿布とノンキを味方につけました。（ま）

緑のセルフ・ケア
実践快療法と穀物菜食レシピ集

著／橋本俊彦、雅子　発行／博進堂　1800円+税

18▼ 橋本さん夫妻は福島で「快療法」の治療院を開いている。この本はこころとからだをきもちよい方向に動かして自然治癒力を高める「快療法」の実践ガイド。からだに合う食べ物と合わない食べ物をチェックしたり、操体法でからだのゆがみを治したり、温めることで内臓の手当てをしたり、具体的な方法がわかりやすいです。以前アトピーで苦しかったとき、個人の治療家に診てもらい、ものすごく楽になった経験があるので、声を大にして「快療法」は効きます！　からだの声に耳を澄ませば、な〜んだ、自分を大切にすることが「いのち」そのものなんだって感じさせてくれる。巻末に「穀物菜食レシピ集」が載っています。(ま)

シェルター

著／ロイド・カーン　日本語版監修／玉井一匡
発行／ワールドフォトプレス　3619円+税

19▼ ついにでた、翻訳は原書刊行から二八年後、という遅さだったが、今でも(いや今でこそ、かなあ)じつに新しい、貴重な住まいの本。人間の自然な生き方を反映する、まわりの環境にみごとに溶け込んだ家々。アイルランドの茅葺き屋根の石造りコテージ、砂漠の遊牧民のヤギの皮のテント、カリフォルニアのヒッピーたちの木造住宅など、一〇〇〇点を超す写真やイラストは、ほんとに見甲斐(作り甲斐も!)あり。旧プラサード書店時代の洋書ベストセラー。(ゆ)

オキナワの家

著／伊礼智
発行／インデックス・コミュニケーションズ　1600円+税

20▼

家ってとても大切なもの。その人やとりまくコミュニティをおのずからあらわすもの。テーゲー（いい加減）にオープンに作られた沖縄の家。でもトートーメ（仏壇）もあって、先祖に見守られての開放的空間です。家も呼吸するんだな。家といっしょに呼吸したいな。こんな家で育てば健康ということが当たり前な気がします。核家族という幻想、独りぼっちという幻想がくだけますように!!

「くうねるところにすむところ　子どもたちに伝えたい家の本」シリーズ第三弾。（ゆ）

廃材王国

著／長谷川豊　写真／比良利エドモンド
発行／淡交社　1238円+税　＊品切れ

21▼

「家を建てるのは楽しみ。土地は僕のキャンバスだ」という言葉とともに、八ヶ岳山麓で廃材を利用して家を建て続けている人、長谷川さん。本業は大工さんではない。廃材の入手の仕方、手入れ法、家の建て方などそれぞれに、彼なりのユニークだけどしっかりと大地に根づいた生き方が反映されていておもしろい。家は何十年ものローンを払い続けて買うものってなんとなく思っていたけど、「家なんて一生かけて対決するものではない。楽しみながら建てられるもの」という彼の言葉に、そうだよなーって深く頷いてしまった。(な)

ツリーハウスをつくる

著／ピーター・ネルソン　監訳／日本ツリーハウス協会
発行／二見書房　1800円+税

22

▼子どものころ、木の上で暮らしたいなぁって思わなかった？ ああ、実現している人たちがいるんだ。アメリカ、ヨーロッパ、日本のツリーハウスが載っています（原宿にもある）。同じ木がひとつもないように、どのツリーハウスも個性的です。天空の瞑想小屋あり、おとぎの国のキャビンあり、森に浮かぶ舟あり、すてきなリゾートまで、本当に豊かな世界に実はわたしたちは住んでいることを、思い出します。木をいためないように工夫しながら、楽しんで建てているようすが伝わってきます。（ゆ）

1996

ナワプラサードが開店してはや三カ月。本屋って水商売だった、と今ごろまぬけに感じています。ほんとにお天気しだいなんです。予測不能です。雨が多いと店に誰もいない空白の時間がおきます。気ぜわしさが抜け、妙に我に返り、充実してくる変なわたしです。そんなときは店内が風をはらんでくるのがわかります。お客さんがいるとおとなしい本たちが自己主張をはじめて……、わたしのからだや頭がなんだか膨らんで……、アブナイ商売だ、本屋って!!

このおかしな昂揚感も、次のお客さんの出現で、微妙に変化します。わたしも二重に我に返り、人ひとりの存在感のすごさに圧倒されます。わたしが「こんにちは」と声をかけるときは、そんな事情があるのです。みなさま、御用心。

1994 II

きょうは奇妙な一日でした。**マンダラワークショップ**の講師フェリシティ・オズウェルが家に長い間泊まっていたのがオーストラリアへ帰り、家の中から大輪の甘やかな花が消えたように思っていたら、明け方半覚醒状態におちいりました。

マンダラワークショップ
自分自身のマンダラをつくるワークショップ。毎年二回、春と秋にほびっと村学校で開催。そのマンダラに

邪鬼のような小さな人がわたしの左手を思いきりかんでいる。痛くはない。天井を見ると、闇の中に黄色い光が乱舞している。困ったナと思ってガマンしていると、いつか終わりました。

目が覚めたら、子どもがきょうは開校記念日でお休みだというので、散歩に行くことにしました。八幡様でおみくじをひいてみたいというのです（最近占いに凝っていて、自分で作って遊んでいるので、本物をみたかったのでしょう）。うらうらと穏やかな曇り空の日でした。井草八幡までの道は、今まで通ったことのない道を選んで歩きました。猫に会ったり、古い家をのぞいたり、門前にかわいい仏像のある家をみつけたり、かりんの実がなっていたり、実にたのしい冒険でした。お参りをすませてからおみくじをひくと、子どもは大吉、わたしは小吉でした。

かくのごとくわたしの日常は明暗が錯綜しています。そんな中でわたしとはいったいなにものなんでしょうね。淡々としていられるときにはなにものでもない気がしました。まったく変な一日でした。

ところで、これまで木曜日は本屋も学校もお休みにしていたのですが、一一月から木曜の夜にふたつの講座をはじめます。「**ティク・ナット・ハンの般若心経**」と「**世界は恋人　世界はわたし**」です。ふたつとも本を媒介にしてわたしと世界のつながりを探る講座です。ティク・ナット・ハンは来年は、自分をとりまく時空がみごとにあらわれるのが毎回不思議。

『**ティク・ナット・ハンの般若心経**』（**壮神社**）
ヴェトナム出身の禅僧による般若心経解説書だが、こんな美しい仏教書は今まで読んだことがない。なにもない、ということと、なにもかもつながっている、ということを、これほどみごとに詩的に説いた本はない。壮神社さん、復刊お願いします。

『**世界は恋人　世界はわたし**』（**筑摩書房**）
世界をどう捉えるかによって、まったく生きる姿勢が違ってしまう、と説いた米国の平和思索活動家の本です。筑摩書房さん、これも復刊よろしくね。

五月、ジョアンナ・メイシーは八月に来日が予定されています。それぞれ人脈、文脈づくりに育つクラスだと思います。関心のある方はどんどん参加してください。本屋もそのときちょっとだけ開けようかな。

1995 4

一七年続いたプラサード書店を「ナワプラサード」として引き継いで、早いもので一年たちました。緊張と学びとよろこびと不安のないまぜの毎日でしたが、年が明けて阪神大震災、そして今度のサリン事件で、いろんな意味で、本当に大事なことはそう多くはないと、どんどん目を覚まさせられる感じです。世紀末の嫌な暗さに影響されず、正気で楽しい本屋になりたいです。貧者の一灯とよくいいますが、いのちのあかるさに、いのちのよろこびに、いのちのつながりに、この正念場を祝福しあいたいね。

1995 7・8

デートスポットで有名な井の頭公園のボート池で、レズビアンたちがキスパフォーマンスをして、**ヘテロ**たちを驚かすイベントがあったらしい。わたしは性的エクスタシーにおいては多数派なので、少数派のよろこびと誇示をみる側にまわってしまう。だけどうれしいな、たのしいな、と思うのはナゼ

ヘテロ（セクシュアル）
同性愛者（ホモセクシュアル）に対して、異性愛者という意味。

かな。花が咲き乱れて生を謳歌するのが好きなのかな。

ハルマゲドンが云々されたり、一般人のハイジャックまで横行する中で、健全な恍惚のうねりやさざなみをほびっと村学校がおこせますように！

七月は**菅靖彦さん**の講演が楽しみです。今、人のこころの中に起きている、この世とあの世の混在についておもしろい話がきけそうです。

1996 2

正月の一週間、サンフランシスコ、バークレー、シアトルなど、本屋さん巡りの旅をしてきた。今回感じたのは、ブックデザインの質の向上である。手にとりたくなるような本がいっぱい!!なのだ。インターネットなどで情報アクセスが簡単になった反動かな。コンピューターに出版文化が脅かされると思う向きもあるのだろうが、事実は逆だった。紙はもったいないし、日本でも消耗品文化は終わるといいな。そんなわけで二月から洋書部門はなかなかの波動をもった本が並びます。おたのしみに！

1996 7・8

店が休みの木曜日、かわら版の編集スタッフが学校に集まった。小川ひろみ、内海朗、わたしの三人である。今月号のことを話したり、お昼を食べた

菅靖彦さん
翻訳家、セラピスト。トランスパーソナル心理学を吉福伸逸さんとともに日本に紹介した立役者。

りしているうちに、開け放たれた窓から心地よい風が入ってきて、三人とも妙にのんびりとし、とうとう昼寝をしてしまった。起きて思ったのだが、やはりほびっと村はよいところです。とても都会とは思えません。なによりも風が吹いています。風がぬけるということが、どれほど人間にとってよいことか。骨身にしみるよ、このよさは！

さて、起きあがって作業再開。**DASO**の講座のレイアウトのために**OHカード**をみんなでやってみた。なかなかグサグサくるのが各自出て、しばし呆然と自分の問題に立ち返る。その余波を抱えながらの今月号、出来はどうかな？

1997 6

とうとう犬を飼った。柴犬となにか洋犬の雑種で、オス。家の中の黒一点なので、お姉さま方みんなにかわいがられている。善福寺公園に、木漏れ陽差す、人のいないところをみつけたので、だいたい毎日犬を連れていき、そこに放して、私は太極拳だ。**套路**《とうろ》を一～二回やっているうちに気分がよくなってくる。なにもかも忘れて風にゆれる木の葉にみとれている。その間、犬は大暴れだ。他の犬に吠えたり、すごい勢いで走ったり、急に止まったり、なにかにかみついたりしている。目が異常に輝いて、少しキレたような状態

DASO
数秘術を教えるすてきな女の人、としかいいようがない。ホームページがあるよ。http://www.pnaj.net/

OHカード
日本語版は品切れ、英語版なら手に入る。一種のセラピーカードで、絵と文字が別々になっていて、その組み合わせがまったくどきどきします。

套路
太極拳などの一連の流れのこと。陳式太極拳の場合、一五～二五分くらいかかる。

で、遊びまくる。すごいなあ。名前は「高橋楓」。まわりの人たちはかえでっちとかバンビとかポテコとか適当に呼んでいる。キツネ顔で目の上に黒い毛が生えているので、ふつうおとなしいときは、ちょっと困ったような顔にみえる。お散歩の途中見かけたら声をかけてね、ワンワン。

1997 7

ゲーテがみっつの畏敬の念について語っていると、友人が教えてくれた。ひとつは天に対して、もうひとつは地に対して、そして最後は自分自身に対して。わたしはたとえば梅の実が成ることに対して、感動を覚えることができる。また野の花の美しさや、夕方の空の美しさに対しても。だが自分に対しては!! 自分のみにくさは自分が一番承知しているためか、畏敬どころか自愛も難しい。

でもたぶんゲーテのいわんとするのは、自分がなにをしているのか、とかどういう存在か、ということではないのだろう。きっとそれ以前の（あるいはそれをとっぱらった）わたしだ。わたしは自分を祝福したかったはずだが、すでにされているということなのか？ わたしはたしかに天涯孤独だが、同時に世界一の幸福ものだ、ということなのか？ 自分自身を畏敬することについて、どうか皆さんも考えてください。

1997 12・1998 1

一一月二三日は母の誕生日だった。ケーキとお花を買って（何年ぶりだろ！）母の家を訪ねていっしょにお茶を飲んだ。でも話なんかないのだ。黙って父と三人でTVを見て、「じゃあネ」と帰ろうとすると、母に「お花ありがとう」と言われて、「ああ」と思わずほほえんだ。親がよろこぶと、子はうれしい。この人たちが死んだら、わたしは悲しいだろうか？　わたしのいのちがあるのは、この人たちのおかげなのだ……。なんだかふしぎな気がする。

魂の故郷を思うと、それは日本ではなく、ポルトガルの海岸の風景とか思い出して、日本に長いこと違和感があり、魂の家族は別にいると思ってた。でもこの不器用な親たちがわたしを生んだのだ。なんだか涙が出てきた。人間の長ぁ〜い歴史、闘いや愛……。〃寿《ことぶき》〃の「月の空　水の大地」というアルバムをききながら、ナワプラサードのカウンターの中で、独りをかみしめるゆりこです。

1998 2

先日インドから一時帰国した友人を囲む女だけのパーティをやった。酒もまわり、会も半ばを過ぎたころ、何枚かあるサリーを着ようということになり、おのおの交替で着付けたり、着付けられたり。わたしはさいきん心身ともに元気がなく、たのしさも半分くらいでぼーっと見ていたが、何だか気のせいかみんなふだんの三、四倍は美しくなったようなのだ。太った人、痩せた人、年とった人、若い人、小学生の女の子も、それぞれみごとな華、神さまみたいだった。ビックリしちゃった。なーんだ、女の人たちってもともとこんなに輝いていたのか、って思った（みんなふだん美しさを隠しすぎだぜ!!）。わたしもみんなのサリー姿を見て、ちょっと元気になり、どさくさにまぎれて、そのへんにあったチャイナ服の上下をひっぱりだし、ポーズをとって写真におさまりましたとさ。オシマイ。

1998 7・8

「あなたの中の悪魔さんは元気?」とは、この間、友人と話していたときに、わたしのこころの中から聞こえてきた声だった。この悪魔さんは**インナーチャイルド**といい換えてもいいが、要は自分の中の元気のもと、生命力そのもののことだ。

静かに黙っていても、自分の中が活発なのが、さいきん感じられるようになってきた。ともかくいろいろなことを感じている!　店に来た人やスタッフと話しているときの、その人の仕草や表情、あるいは西荻の道端のアジサ

インナーチャイルド
心理学用語で、自分の中の子どものこと。人は大人になるとき、子どもの部分がなくなるわけではない。無視すれば隠れてしまうが、必ず三才、一〇才、一五才の自分がいるとわたしは思う。

イの花の美しさ！　みんな妙にリアルなのだ。ひとつひとつの出会いがたっぷりある感じがしている。ひところの落ち込み（その節はご心配かけました……）がおさまり、中と外の区別がはっきりしなくなったのだろうか？　わたしの中が元気よくて、わたしの皮膚から飛び出してくるみたいなのだ。別にだからといってなにも変わっていないし、あいかわらずおとなしい（？）わたしであるのだが。

友人たちにきいても、この冬から今までケガや病気をしたり、ウツになったり、いわゆる〝カルマ落とし〟の波が激しかったようだ。でも、きっと、大丈夫。今はそんな気がしている。

1998 II

昔から風が好きだった。一番最初の記憶は、（たぶん）父親の自転車のサドルの前に乗って、坂を駈けおりていくとき感じた風である。わたしの大切な思い出にはみんな風が吹いている。私の原風景——ポルトガルのナザレの海の崖地に吹いていた風。最初の子の妊娠がわかって、信州の高森草庵の田んぼのなかで泣いていたとき、顔にあたった風。本屋を継いだとき、いつも風の吹いている本屋にしようと思ったこと。自転車で西荻の町を風を切って走っていたとき、BE HERE NOW！ではなく、今しか、ない、と思って歓喜したこと。

本屋のカウンターの中で、星野道夫の『イニュニック［生命］』（新潮社）を読んでいたら、谷川雁の次の言葉にいきあたり、泣けてしまった。どうして風が好きなのか、わかったのだ。

「すべての物質は化石であり、その昔は一度きりの昔ではない。いきものとは息をつくるもの、風をつくるものだ。太古からいきもののつくった風をすべて集めている図書館が地球をとりまく大気だ。風がすっぽり体をつつむ時、それは古い物語が吹いてきたのだと思えばいい。風こそは信じがたいほどやわらかい、真の化石だ。」（『ものがたり交響』（筑摩書房）より）

1998 12・1999 1

断食をしている。**正宗太極拳**の大友さんがすすめている在宅プログラムで、日常を変えないでするやつ。だから、仕事もしているし、子どものごはんも作っている。全部で、八日間。前後五日間が補食の期間で、中三日が本断食。わたしは胃弱なのに、ほっとひと息の珈琲がやめられない。それで、いよいよ胃を悪くして、これはからだの掃除をする以外にはない、と決断、はじめたわけだ。

一日目、お腹はすかない。頭が痛い。

正宗太極拳
ほびっと村学校で毎週水曜日大友映男さんがしている太極拳のクラス

二日目、友人の珈琲の匂いをかぎ幸せになるが、飲みたくはない。胃が縮んできたみたいだ。頭はまだ痛い。どのみち、からだが縮まってくる辛い時期とか。本人はそう辛くはないが。家に帰って飲む玄米クリームがとてもたのしみになる。

三日目、いよいよ本断食。葛湯のみとなる。動作が緩慢になる。口がまずく、むかむかもあり、つわりみたいと思う。頭痛は少しおさまった。子どものごはんの味見で、ほんのひと切れのタマネギを口に入れ、うまいなあと思い、ズルしたことがたのしくなる。そろそろお腹が空いてきた。お風呂からでたら、脱衣室の中に小さい光が乱舞した。軽いめまいかなあ。

四日目、自転車がいやにのろい。強くペダルを押せないのだ。階段もふらふらする。夕方、同じ時期に断食をはじめた人と大友さんが店にやってきて、よもやま話をする。目が窪んだといったら、断食で仮性近視が直るケースもあるとか。ついでに**手技**《しゅぎ》もしてもらった。きもちいい。

五日目朝、機嫌悪い目覚め。なんでこんなことをしているのかと思う。きっと、もっとハイな状態を期待してたのだ。ばかなゆりこめ。二日目の夜以来便秘だが、それは心配ないそうだ。バス停で（自転車は懲りたので）みあげた空が美しかったので、機嫌をとりなおす。きょうは歩くのまで遅かった。朝の家事も予定の三倍も時間がかかり、しかも掃除をパスした。夜、体重計

手技
手当て法の一種。

にのったら三キロ減っていた。

六日目、きょうは休み！　なんだか疲れがでて、昼まで寝ていた。きょうから補食になるので、玄米クリームを少し食べ、今度は空がみえるよう、ベッドの位置を直してまた横になった。空がきれい！　また眠りに落ちる。夕方、子どもと犬の散歩を兼ねて、近所へ豆腐（わたしは食べられないが）を買いに行く。また空をみあげたら、今度は三日月がしんと光ってた。

七日目、大友さんと電話で相談して、補食の期間を三日から五日に延ばすことにする。まだ胃腸の調子がおかしいため。でも、きのうよりは元気になった。運よくきょうも休みをとれたので、入院している父の見舞いに、日赤（武蔵境）までいく。帰りのバスに乗ったら、やさい村（大友さんの八百屋）がみえたので、あわてて降りた。そこで偶然、このあいだ店に来てくれた人と、もうひとり同じ時期に断食をはじめた人に会った。三人で、断食談義をしながら、すごくゆっくり三鷹まで歩く。階段はやはりきつい。帰って横になり、一時間ほど眠った。体重計はさらに二キロ減っていた。夜、子どもが、「お母さん、らくだみたい」という。なるほど、砂漠で何も食べないで（自分のなかにためた脂肪を食べて）横断している気になった。別に現実は砂漠じゃないけどね！　もっと山あり谷ありかな。

八日目、きょうから玄米粥。それにまた仕事だ。仕入れに水道橋の日販とお茶の水の本屋街までいくけど、ちゃんと確認したつもりなのに、東西線に乗ってしまった。まあ日販は飯田橋からも歩けるからいいけど。なんとなく、おばあさん状態だな。いろいろまわって疲れ果て、ドトールにはいる。紅茶ならまあいいかなと思い、背もたれのある椅子を探してすわる。紅茶は〝娑婆《しゃば》〟の味がした！　うまかった。でも半分しか飲めない。夜、店が終わって、たまたま来た友人と、もう一回娑婆を味わいたくて、喫茶店に入り、今度はハーブティーを飲んだ。これもよし。寝る前に、断食が終わって食べたいものを大声で列挙し、子どもに笑われた。あとで気づいたが、ふしぎと甘い物と肉と珈琲（やったね！）は入っていなかった。

九日目、犬に起こされて早起きする。そのまま太極拳がしたくなり、公園へ。陳式なので、緩急とりまぜなのだが、きょうはすごくゆっくりやってみた（実はそれしかできない）。終わったあと、ベンチに寝ころんで、木漏れ日をみあげる。きょうもいい天気！　きょうは店が混み、いろいろな人がきて、みんなけっこうおもしろい話をするので、ちゃんと相手をしたら、人あたりしたみたい。まだ、本調子じゃないんだなぁ。

一〇日目、きょうで最後。野菜入り玄米粥を半分。元気になって、店へゆく。ところが、きょうも忙しかったためか（？）、うどんが急に食べたくなった。まぁ、いいか、と思い、帰りに讃岐うどん屋に入り、わかめうどんを注文。塩が少しきつめだったが、うまかったなぁ。量を少なくしてもらったのに、半分残してしまった。「病みあがりなので、全部食べられなくて……」と変ないいわけをした自分がおかしかった。というわけで、精進落としのうどんで、日記はオシマイ！

補記：断食の指導を受けたい人は、大友映男さん（やさい村：TEL 0422-47-6639）まで。

1993

夢の中でよく風邪をひいている。ノドが痛かったり、咳をしたり、熱をだしていたり。インフルエンザが猛威をふるって家族やスタッフが次々にやられても、わたしは現実にはかかっていない。いつも夢の中だけ。起きると症状は嘘のように消えている。野口整体によると、風邪にかからないからだは、かなり鈍いかヤバイのだ。それであせって夢の中でひいているのかなー。若い頃は風邪をひくなんて軟弱だと思ってた（別に体育会系ではなかったのだが）。今はわたしはバカなのか……と少しからだに自信がなくなってきた。夢の本を調べてみたが、風邪については触れられていない。もっとも杉花粉の季節になり、くしゃみはでてきたのだが、こうなるとわたしとしては救いだ。

夢ってなんだろうね。現実世界にひどく近い気もするのに、なんだかずれている。時間が？　空間が？　ここまで書いて、ようやく、夢の中で風邪をひいている自分のほうが正直でかわいい気がしてきたよ。

1996

みんなは殺意を抱いた経験はあるだろうか。怒ることはあっても、それは一過性のもので、殺意を抱くというのはちょっとレベルが違う。先日そんなおそろしい思いをした。相手は幸いなことに、人間ではなく、犬。話はくだらない。夜中のオシッコのとき外へ出すのがわたしの役目なのだが、その日は疲れていて早く寝たかった。さて、寝いりばなに起こされ外に出したのだが、今度はなかなか入らない。閉めるとガラスをカリカリやって、しかも吠える。近所迷惑なのだ！　だんだん腹が立ってきた。開けると入らないで逃げてしまう。こんな夜中にわたしと遊びたいのか？　とても不機嫌になり、こんな犬ほっといて寝てしまえ、と庭から遠い子どもの部屋に布団ごと避難する。だが、カリカリひっかくのと、間歇泉《かんけつせん》のように吠えるのは止まらない。眠れそうで、眠れない。イライラがつのる。一時間くらい我慢したが、また布団ごと部屋に戻り、静かにガラスを開ける。感情を押さえて「お入り」というと、怒られない！と思った犬はポンと部屋にあがった。

そのとたん！　わたしは犬を羽交い締めにし、口をつかんで、犬の目をにらみつけながら「殺すぞ」といったのだ！　まっ暗のなか、犬の目がおびえてわたしをみる。口を押える手に力が入る。もう一度犬をみる。犬はもうわたしをみないようにしている。フン、と思い、手を離すと犬はしっぽを丸めてコソコソ寝場所にいった。自分の人が変わったように思った。トイレにたち、電気をつけて洗面所の鏡をみると、知らない女がそこにいた。怖かったよ〜〜。朝になって気になってもう一回みたら、いつもの自分に戻ってた。よかった。

1999

今年の夏は、東京でも空が美しかった。いつもの夏とは風の吹き方が違う気がした。何人かの友人にも聞いてみたが、同じ意見だった。不況のせいか、あるいはオゾン層の破壊のせいか、光線が強く、しかも風がよく吹いているので、雲の流れも速く、空が広い。昔の東京の夏みたいな気がした。空をみるたびにその美しさに感激して、今年は夏を満喫だぞ！元気にやるぞ！と思っていたら、湿疹がでて、なかなかうまくいかない。

美しいものをみることを眼福《がんぷく》というらしいが、人間のこころの中にも空や風が感じられたらいいなあ。悲しいとうれしいは一緒だね。わたしのこころも空といっしょさ。

さて、ほびっと村学校の教室もお色直し。下に炭を敷いて、畳も表替え、また新しい風が吹くことだろう。手伝いのみなさん、ごくろうさま！　今回の工事を取り仕切ってくれた**本間祖玄和尚**には、本当にありがとう！　秋の講座の第一番は**揚式太極拳**の関本スミ先生のクラスから。これからもみんなで、よい気を練りましょう。

1999 12・2000 1

『買ってはいけない』（週刊金曜日）にナワプラサードで輸入している布製生理用パッドが載った（買っていいものとして！）。全国から問い合わせの電話が殺到して、しばらくのあいだその対応で大わらわだった。本当にいろんな人がいる。注文してさっさと切る人は少なく、生理の話はもちろん、「こういうのを探してた！」とか「田舎には情報が入ってこなくて」など住んでる町のことや、はては自分の病気のことまで話してくれた人もいた。こんなに生理について人と話したのはわたしの人生ではじめてだ。

関西、中国、九州となぜか西日本からの問い合わせが多く、いつもは「広島県に住んでいる人の生活はどんなだろうか」なんて考えたこともなかったけど、話す内容が「生理」のことだからか、この一本の電話でその人の人となりや人生がなんとなく伝わってくる。おもしろい。うちで扱っている生理用パッドは朱色がかった赤なのだが、色が気に入らなくて送り返してきた人

本間祖玄和尚
ほびっと村学校でアロマセラピーを教えていた和尚さん。結婚して今は半澤祖玄さん。福島在住。

揚式太極拳
太極拳の大本は武術が主体の陳式だが、それに健康体操の要素が加わり揚式に変わった。その他にいろいろな太極拳がある。

れてあった。

もいた。「こんな派手な色は恥ずかしくて干せません」と丁寧に達筆で書か

長いあいだ、生理は汚れたもの隠すべきものとされてきた。わたしも生理の時、男の人に知られたくないなとかやっぱり思ったりする。でも最近からだが毎月やってくれている営みをもっとちゃんと感じたいなと思うようになった。たぶんわたしのからだはわたしが思っている以上にずっと豊かなのだ。以前（ゆ）が布製パッドのことを「理屈じゃないフェミニズム」といっていたけど本当にそうだなと思う。

男の人へ、あなたのからだはゆたかですか？（**なおこ**）

２０００２

九九年はひと夏中、空をみあげて元気をもらっていたわたしだが、冬になってY2K問題（コンピュータ西暦二〇〇〇年問題）の準備もあり、かねてから欲しくてやっと手に入れた火鉢に炭をおこして、今度は毎日その火を眺めている。最初はすぐ火が消えたりしたが、このごろは上手になり、ごとくの上で、マーマレードを作ったりしている。炭の火をみていると、なんだか言葉が消える。黙って、火をみるだけ。ぼーっとした、ほっこりした、しずかにたのしい時間（だけど、燃費がなあ。灯油より高いのだ）。

なおこ
ナワプラサードのかつてのスタッフ。小さな天才と私は呼んでいた。編集後記は今は（ゆ）こと店長高橋ゆりこ、が書いてはいるが、かつてはスタッフもときどき書いていた。この文章はとてもよかったので、なおちゃんの了解を得て載せました。

時間といえば不思議なことがある。このごろ、新月の夜に、何人かの女の人たちで集まっているのだが、それでめりはりがついたのだろうか、次の新月まで、長いのだ。満月から、次の満月だと、少し短い気がする。グレゴリオ暦の七曜日を基準にしていると、もっとずっと短い。ところが、新月からはじめると（本当の月初めだ！）、どうも時間がのびていく。ゆっくり生きようとはこのことだったか。暦ってあらためて大事だよなあと思いました。

2003

このあいだ江の島の弁天さま詣りにでかけ、泊まった宿でのこと。朝食の梅干しの種を残したら、同行の友人が「それ残すの？」と聞く。うん？　種をしゃぶると確かにうまいが……。でもそうではなく、種を割ると、中に薄皮に包まれた白い核があって、それがおいしいのだという。食べてみたら、ほんとに美味。プラムのエッセンスそのもので、なんともいえない。これまで知らなかったのが口惜しかった。なにしろわたしは「毎年なにがあっても梅干しは漬ける」を内心の誇りとして、ここ一〇年をやってきたのだ。もうひとりの友人は「小さいころ天神さまが中にいると聞いて、食べちゃいけないと思ってた」といいながら、はじめて食し、「おお!!」。たしかにふしぎなことに神さまの味がするのである。

帰ってからわたしはききとり調査をはじめた。どのくらいの人が知っているか、知りたかったのである。ところが、わたしの周囲は自然や神さまが好きな人が多いせいか、その大半が知っていたので、少しガッカリ。まったく知らないと答えた少数の中にわたしの元パートナーがいたのも、なんだか旧高橋家だけが神さまに縁がなかった気がして、もう超ガックリであった。

だがくわしく聞いてみると、知っている人も二派に別れた。小さいころからごく自然に知ってた人たちと、成長して友人や知人から教えてもらい、一時凝ってしまった人たちである。なにしろうまいのだから、凝りたくなるきもちはわかる。でも、あんな梅のひとつひとつの中になあ。神さまがなあ。などと家のベランダでのんびり感慨に耽っていたら、わたしの横で犬がアボガドの大きな種をかじっていた……。

注意：生の梅（とくに青梅）の核は試さないでね。中毒をおこす可能性があるよ。

2000 4

三月中旬に、米国・バークレーの「GAIA」という書店が閉店した。ニューエイジの波とともに八〇年代に生まれ、いい雰囲気の中で少しずつ店を拡げていたが、近隣の大型書店やアマゾンドットコムの進出で、経営困難に陥った模様。一度はコミュニティに訴えて、寄付をつのり、うまくいっていたかにみえていたのだが。本当にいい本屋だったので、とても残念だ。

それにしても書店の経営は難しい。それとは裏腹に、ハリウッドのロマンティックコメディは小書店主との恋の話が多くて、大型資本進出の免罪符のように使われている気がする。疲れたときなどハリウッドの脳天気映画はなかなかよいものだが、「ユー・ゴット・メール」は不愉快だった。ビデオを観終わって、娘とともにムッとした。主演のメグ・ライアンは好きな女優なのに。大型書店の息子と古くからの小書店主の娘の話。メールのやりとりではじまり、ライバルだとわかって、いろいろあるがけっきょくあっさりと彼女は本屋を辞め、恋は実るって、本当にえそらごとだよお!!

思わず力が入ってしまったが、『エンデの遺言』（p183参照）にもあるように、問題は金である。この金信仰が小さい商いを圧迫しているのだ。あー、問題が手に負えなくなってきたが、本当は大きくても小さくても、いのちにきもちいいことをしよう、といいたかったんだ。

2005

先日、**相似象学会**の宇野多美恵先生の花見の宴で、詩人の谷川俊太郎批判がでた。要は、いのちについて深いところで感受してない、ということだったが、わたしはそれにその場では納得したのだが、翌日、とある会で、当の

相似象学会
カタカムナという日本の上古代のペトログラフ文字を研究する会。

詩人がその問題になった詩を詠むのに、偶然居合わせてしまったのである。そして、そう悪くはなかった！のだ。誠実に詠まれた、平易ないい詩だった。わたしは宇野先生を深く尊敬しているので、とても複雑な気分になった。

わたしのこの、あれもいい、これも悪くない的（八方美人的）態度はどこに依拠しているのだろうか。好きの方はわりと単純に好きになる。嫌いのほうはやや複雑だ。もちろん知らない人（メディアでの有名人とか）を単純に嫌いになることはあるが、実際の交友で、芯から人を嫌いになれない方である。わりとひどいことをされても、その人の事情をよい風に考えて仕方ないと思ったりする（だからってしないでね）。このあいまいさをわたしの「よきところにして、苦しきところ」と**カタカムナ音読法**の松永暢史氏に喝破されて、思わず笑ってしまったこともある。

和すことはきもちがいいので、その反対の波動がどうも苦手なのかもしれない。若いころ読んだ矢川澄子だったかの詩に、好きなことをいっぱい挙げたあと、「嫌いなことは黙っていよう」の慎みにイカレタのかもしれない。だが、きちんとした批判と、単なる悪口を混同しないようにしなくては。そのうえで、自分の聞く耳を信じようと思うしかないのかなあ、と思ったできごとでした。

補記：これを書いたあと、宇野多美恵先生と電話でお話をした。先生はこうおっしゃった。

カタカムナ音読法
松永暢史さんが、ほびっと村学校で不定期に開催する音読会。古い日本語を音読することによって、それ以降の古文、現代文がなぜかすっとわかるようになる。

「みる、というのは、身（ミ）を入れること、耳（ミミ）というのは、ミがふたつ、潜象（アワ）の気配をよく聞くこと。谷川俊太郎は周囲の気配にミミをすまして、いい詩を書いてはいるが、それでも彼は自分の身体（ミのうちの腹や腰や脳……）についてはなにもいってない」。

2006

このごろ、「甘い生活」というフレーズがよく浮かぶ。赤ちゃんの味覚は、甘い、からはじまるということをずっと前に習った。舌の一番先だったかな。それから酸っぱい、しょっぱい、苦いがくる。苦いがおいしいことを知るのはずっと大人になってからだ。だけど、ほんとうの塩をなめるとちょっと甘みを感じるように、最近、やはり「甘い」が人間の生活の基本ではないかな、と思うようになった。それこそ、甘い考えかもしれないが！

森首相の「神の国」発言が、話題になっている。この人が神、というとき、それには女や子どもや木々や花々は（それに男も！）入っていないんだろうな。一部の男と天皇制だけかな。スピリットならば、世界中に遍在しているというのが、わたしからみると、事実に近いが、どうしてそれが民族主義に結びつくのかな。

たしかにわたしは大甘だろうな。だけど、甘いことはいいことだ！って、開き直ることにしよう。人の生活の楽しさを満喫し、この国の四季の美しさを堪能し、やはり生まれてきて正解！って思いたい。苦い思いも含めて、全部、ばら色の人生だったよねえ、って死ぬとき思いたい。差別も、偏見も、この世のカルマも、新しい時代のこれまで想像できなかった問題（原子力、遺伝子操作、臓器移植など）も、人の味覚の甘さをよくよく知っていれば、なんとか乗り越えられるのではないか？

大甘の（ゆ）、の夢。

2000・7・8

先日、**快医学**のクラスから出てきた友人と話していたら、自分が思いがけないことをいっているのに気がついて、少しあせってしまった。彼女のアトピーやら、心身の調子を聞いたあと、「最近どう？」と聞かれたので、「ペーパードライバーだったのが運転できるようになって、うれしいし、店も不景気の影響はあるけれど、自分としてはそれなりにうまくいっているし、家庭もいごこちがいい。だから今こそ、自分のコアの部分に向きあえる気がしている。外のものがうまくいっているので、核に向きあってもすべてが崩壊することはないと思う」。

自分としては外堀工事が終わったということだろうか。いよいよ内堀工事なのか？　手つかずにしまっておいたことを大切に丁寧に扱う時期にきたの

快医学
瓜生良介氏が提唱する、からだをきもちいい方向に動かすと治癒が起こる、ということで快医学と名づけられた。ほびっと村学校では、春に野本美保さんが一〇回シリーズで教えている（2006年現在）。

かもしれない。若いときの乱暴さや性急さがやや減ってきたので、今度はうまくやれるかもしれない。多くの友人たちが両方一緒に来ちゃって大変な中、このゆとりは申し訳ない気もするが、ごめん、That's how my life flows.

でも内をみればみるほど、外の美しさに驚愕するのも事実である。空、雲、風、今の季節なら緑の葉、その葉を食べるなにかの幼虫。いいえ、パンドラの匣を開けるのを引き延ばしているのではないよ。臆病だから、たくさんのものを味方につけてないと、開けられないのさ!

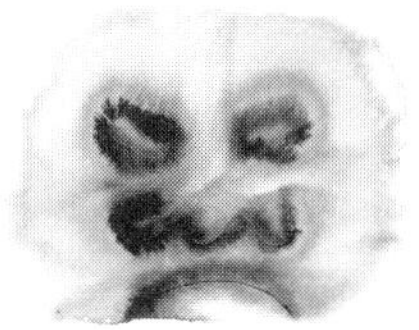

NAWA PRASAD'S RECOMMENDED 100

CATEGORY

じゃんぴんぐまうす
花咲く生命の木を求めて

訳画／おおえまさのり
発行／いちえんそう　1800円+税

23

▼八〇年代、旧プラサード書店時代に売れた本の中に、『じゃんぴんぐまうす』というのがあった。黒いボール紙の表紙に和紙をおりたたみ、手刷りの版画がついた、仏典のような雰囲気もある、シンプルで凝ったつくりの本だ。ほびっと村学校で「いちえんそう」という講座をしていたおおえまさのりさんが、スー族に伝わる話として私家版で出したものだった。九四年にわたしがナワプラサードとして書店を継いだときにも、この本を「継いだ」。特に宣伝はしてなかったが、ぐうぜん手にとって感激した人がたまに買っていく、ほんとにいい本なのだ。だから二〇〇五年の六月に太田出版から、北山耕平さんの解説つきで『ジャンピング・↖

ジャンピング・マウス

述・著／ヘェメヨースツ・ストーム他　解題と再話／北山耕平
発行／太田出版　1480円+税

24 ▼

『マウス』が出たときは、おお！という感じだった。ネズミも、人も、いつのまにか日常に倦むことがある。そんなとき、変わった音を耳にしたら？ それを確かめにでかけて、とくべつなものを見、それを仲間に伝えに帰って、拒否されたら？ 孤独。道すがら出会うふしぎな存在。襲われる恐怖。楽園をつくる人。その停滞、また一歩ふみだす……。ほんとに人生で出会うさまざまな事柄がこの物語には含まれている。北山さんの解説も、本質的な問題を若い人にわかりやすく語っているのはすごいと思う。仏典か、解説書付きか、みなさんにおまかせします。（ゆ）

イヌイットの壁かけ

著／岩崎昌子　発行／暮しの手帖社　2857円+税

25▼

北極の厳しい自然の中でのイヌイットたちの暮らしはどんなだったろう？　でもこの壁かけに描かれているようすはみんなとても楽しそう。この壁かけはお母さんたちが作る防寒着のパーカの残り布で作られたアップリケです。古くから伝わる神話の世界や日々の暮らしがいきいきと伝わってきます。動物たちは狩猟の対象でもあるけれど、彼らとこころの会話をしながらツンドラで生きる同じ仲間なんだな、と思う。極寒の中で綴られたイヌイットのお母さんたちの手仕事のすばらしさに民族の豊かな文化を感じます。こんなふうに自分の身のまわりをひと針ひと針表現できたら、どんなにいいだろう!!

（ま）

魔法のことば
エスキモーに伝わる詩

絵／柚木沙弥郎　訳／金関寿夫
発行／福音館書店　1300円+税

26
▼絵本です。見開きいっぱいを使って、とても簡潔に「ずっとずっと大昔」の世界が描かれ語られていく。日々、いろんな事をたくさん考えて仕事したり生活したり、なんだかこんがらがって疲れちゃった、って時にこの本を読んだらすごくきもちよくなった（単純かしら）。染色家の柚木さんが型染めの手法を用いて描いた絵が、色と形の不思議さでひゅうっと「世界のはじまり」に連れて行ってくれる。遠くにあると思っていた世界が、今ここにあったね。副題に「エスキモーに伝わる詩」とあるが、語られているのは一編だけ。それで十分の迫力。（由）

トラッカー
インディアンの聖なるサバイバル術

著／トム・ブラウン・ジュニア　訳／斉藤宗美
発行／徳間書店　1900円+税　＊品切れ

27▼ 子どものころから何度となく出会ってきた「自然からの贈り物」。その体験をする前と後では、まったく違うもののように自然に対しての感覚が変わってしまう……それこそが、グッドメディスンというものなのだと、この本のおかげで知った。著者は七歳の時から一〇年間アパッチ族のメディスンマンの長老から、トラッキング（動物の足跡から、その健康や精神状態をよみとる技術）やサバイバル術を学び、長じてトラッカースクールを主宰し行方不明者の捜索などにも協力している。（野外活動家　池田奈緒美）

イオマンテ
めぐるいのちの贈り物

文／寮美千子　画／小林敏也　発行／パロル舎　1800円+税

28

▼イオマンテ、それはくまおくり。熊の子をお母さん熊のもとに帰してやること。アイヌのお祭りの中、子熊は射られ、その肉は食べられる。めぐるいのちの物語、画もすばらしいです。人が生きていくということは必ず他の生きものを犠牲にしています。熊をかみおくりすると、その熊はカムィの国にいってそれを伝えるので、また熊たちが人間のために来てくれるんですって。そんな謙虚なきもちになりたいです。今の世の中は食べ物の流通ひとつとっても複雑だけど、それでも、おいしいな、ありがたいな、とすなおに思いたいです。（ゆ）

神に追われて

著／谷川健一　発行／新潮社　1500円+税　＊品切れ

29▼うちのスタッフがこれを読んで、こわいから書けないという。どこがこわいって、神様に選ばれた人（沖縄の話だ）はどう逃げても逃げられないというところ。苛酷な目にあわせるんだもん。でもフィンドホーンのアイリーン・キャディもごくふつうの中流英国婦人だったが、同じようにひどい目にあってることを思うと、選ばれた人はしかたないのかも。わたしが不思議だったのは、カミダーリ（神様によるお試し期間）が終わったとたん、千客万来となることのほうだ。いったい、沖縄の人はどこから知るのだろう、ユタ（シャーマン）が誕生したことを。（ゆ）

卵子《らんこ》story
女性のからだと卵子のひみつ

著／きくちさかえ、鈴木賀世子　医学監修／早乙女智子
発行／小学館　1000円+税

30
▼わたしのランコやオリモノちゃんがこんなに健気に毎月がんばってたなんて……。涙でた、うる。主人公ランコがセイシくんとの出会いを夢見てハイラン。でもワタシはやりたいことがいっぱいのお年頃、なんだけどランコはワタシより早く年を取っちゃう！　女性のからだのリズムをかわいいイラストでわかりやすく描いています。この本でひとりでも多くの女の人が「生むこと」を選択して欲しい！と思う。韓国語版出版、おめでとうございます!!　ハングル文字のかわいい漫画、みたいです。(ま)

オニババ化する女たち
女性の身体性を取り戻す

著／三砂ちづる　発行／光文社　720円+税

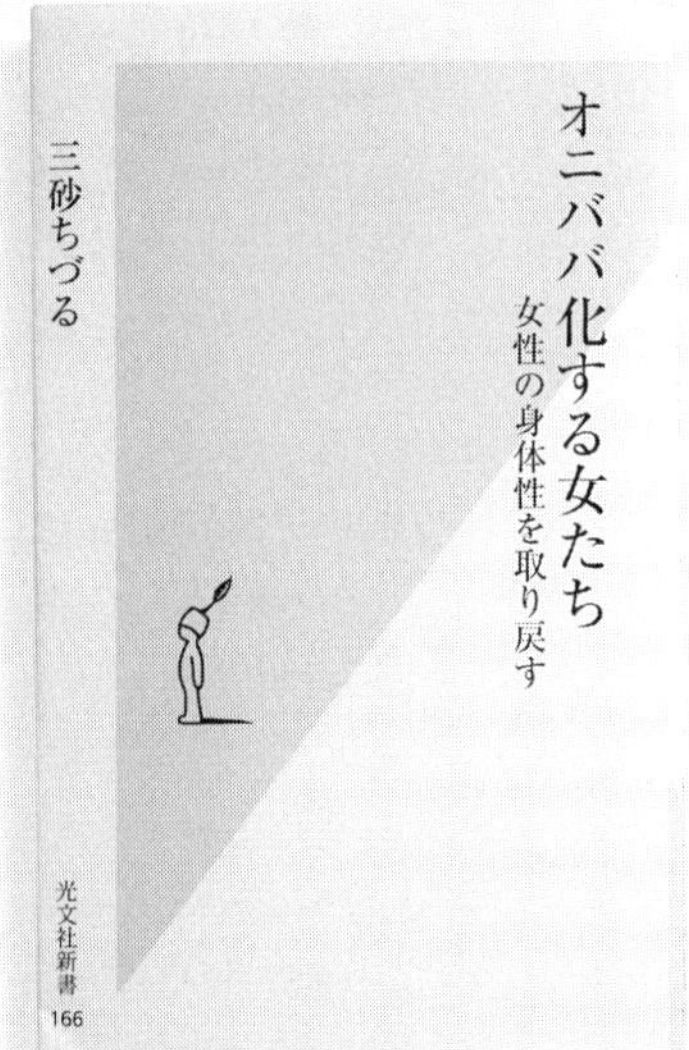

31▼
ひじょうにいい本です。わたしは長いこと本屋として、女性の精神性の本を待っていたが、日本はやはりからだから語るのがいちばんわかりいいのかも。身体性を取り戻すことが、こころの豊かさにつながるんだな、とつくづく思いました。フェミニストから批判もでているみたいですが、性的接触によってこころとからだはなぐさめられ豊かな体験をする、子宮をるすにしてはいけない、子どももできることなら産みなさい、というのは伝統的なようにも聞こえるが、人間の根本の幸福をいっていると思います。（ゆ）

昔の女性はできていた
忘れられている女性の身体に“在る”力

著／三砂ちづる　発行／宝島社　1500円+税

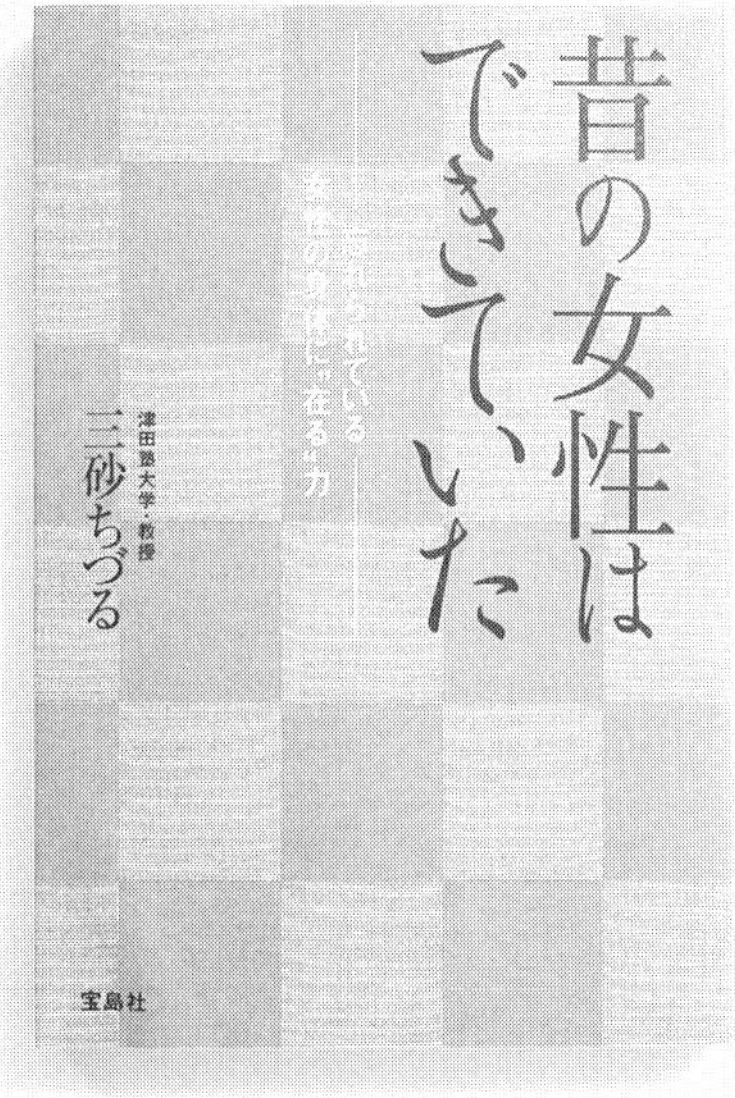

32

▼ナプキンに垂れ流し（！）ではなく、月経をコントロールする女の話。う〜む、そんな身体能力⁇　ナワプラサードではもう一〇年以上も布製生理ナプキンを環境のため、もちろん女性のからだのために売ってきたが、それすらいらなくなるのか？　とびっくりしました。トイレでわっと出すことが八〇代以上の女性には、できていた、という事実。現代の女性でも意識するとできるみたいという報告がぞくぞくきています。この身体能力をとりもどして、楽しい生理生活をおくれたら、女であることがもっと楽しくなるんじゃないかな。（ゆ）

女神のこころ
聖なる女性をテーマにした芸術と神話

著／ハリー・オースティン・イーグルハート　訳／矢鋪紀子
発行／現代思潮新社　4700円+税

33

▼太古から現代まで世界各地の女神像九九点を収録し、女神たちの力強さ、美しさをスピリチュアルに称えながら、今の女性たち、男性たちを勇気づける本。この本の効用は、やはりひとりの女神を選んで、瞑想することにあるだろう。いや、ただ、その姿勢を真似するだけでも「体で学ぶことになる」と断言されているのが、すごいです。二〇〇一年一月に著者は小田まゆみさんとともにほびっと村学校に来てくれた。繊細なやさしい女の人で、世界中のイニシエーション（大人になる通過儀礼）の本を今は書いていると教えてくれました。それも楽しみにしています。（ゆ）

ガイアの園
小田まゆみの世界

絵・文／小田まゆみ
発行／現代思潮新社　2300円+税

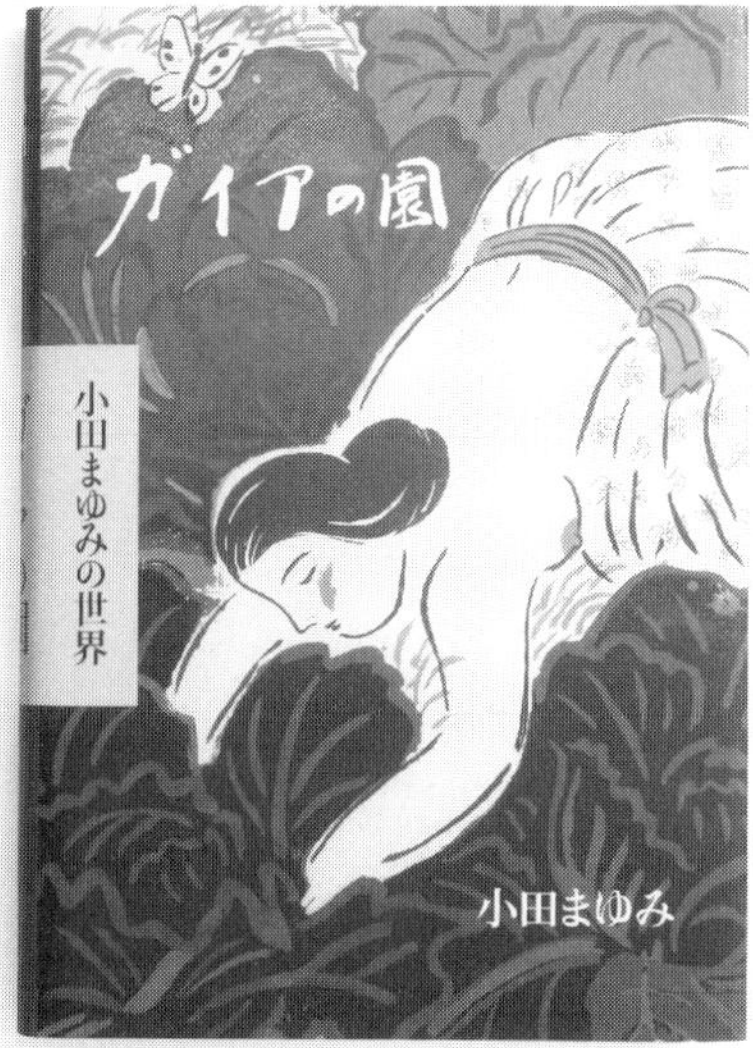

34▼ アメリカで禅に出会い、野菜づくりでみつけたいのち。女神たちの画家の半自叙伝的エッセイです。美しい絵がたくさん入っていて、みているだけで、静かな幸せなきもちになります。サンフランシスコ郊外のグリンガルチ農場という禅道場を訪ねて、やさしく凛とした彼女の足跡を、辿りたいです。今はまゆみさんは、フラの大地、ハワイ島で、やはり畑を耕しながら、女神の修行（瞑想、ダンス、チャント、自然農と料理など）をたくさんの若い女の人たちといっしょにやっています。（ゆ）

ひろがれひろがれ
エコ・ナプキン

著／角張光子　発行／地湧社　1000円+税

35▼

ナワプラサードでオーストラリア製布ナプキンを売りはじめたのが九四年。今ではあたりまえの一歩手前くらいにはなった気がする。町田の「たべものや」(二〇〇五年四月閉店)の角張さんはその種を精力的に蒔き、塩素漂泊してないネル地を日本でみつけだし、その反物をキットとして売ったり、また枇杷やヨモギや玉ねぎで美しく染めたりしている。彼女の望みは(わたしの望みでもある)、なるべく多くの女の人が布製ナプキンに目覚めて、自分のからだを大切にすること。九八年頃から、多くの日本製品がでてきているが、自分でつくるのを薦めているのはいいことだ。けっきょく商売ではないのだ、この布ナプキン普及活動は。(ゆ)

地球の上に生きる

著／アリシア・ベイ・ローレル　訳／深町真理子
発行／草思社　2500円+税

36▼

昔からのロングセラーだけど、一度雑誌「オリーブ」（マガジンハウス）に店の紹介とともに載ったら、一年間くらいオリーブ少女が買いにきてたなぁ。オリーブも休刊になり、その少女たちも二〇代後半〜三〇代くらい？　どうしてますか、その後この本は役に立ちましたか？　七〇年代ヒッピーのバイブルです。ありとあらゆる自分でできることが載ってます。絵も字もかわいいです（活字じゃないんだよ）。本のつくり手にもインスピレーションを今でもくれると思います。生活することと、ぜんぶ自分でできちゃうというのは、ほんとに豊かで自由な感じがします。（ゆ）

自然のレッスン

著／北山耕平　発行／太田出版　1200円+税

37

▼北山耕平さんというと、私はどうしても「七〇年代宝島編集長」の思いが強い。当時パンクロック少女だったわたしは、雑誌「宝島」（JICC出版局）に反発を感じながらも惹かれ、こっそり読んでいた。それは加速するパンクの破壊性になじめず、「ノーフューチャー」じゃない立ち位置を探していた時代のこと。ヒントはもらえた。この本の「街で自然に暮らす法」というテーマ、項目ごと簡潔な言葉で語られるつくりは、「シティボーイ」「カタログカルチャー」を提唱した北山手法のエッセンスかな。初版一九八六年の新装復刻版。エバーグリーンな一冊。（由）

大人の自転車ライフ
今だからこそ楽しめる快適スタイル

著／疋田智　発行／光文社　552円+税

38
▼

小さいころに自転車という乗り物に乗れるようになり、自分の世界が革命的に広がった感動は誰しも同じですよね。当たり前にある電車やバス、自動車のように点と点を線で結ぶ移動手段ではなく町や森や山を「面」で移動できるのが自転車の最大の魅力です。知っているようで知らない自分の街を知るのにもいい。特別な自転車ではなく「ママチャリ」さえあれば大丈夫です！　自転車で行く町はなんだか違いますよ！　最終的には通勤も自転車で！　どうせ地球が温暖化するなら、自分の体温でしょう!!（長本兄弟商会　ガク）

縄文生活図鑑

著／関根秀樹　発行／創和出版　2300円+税

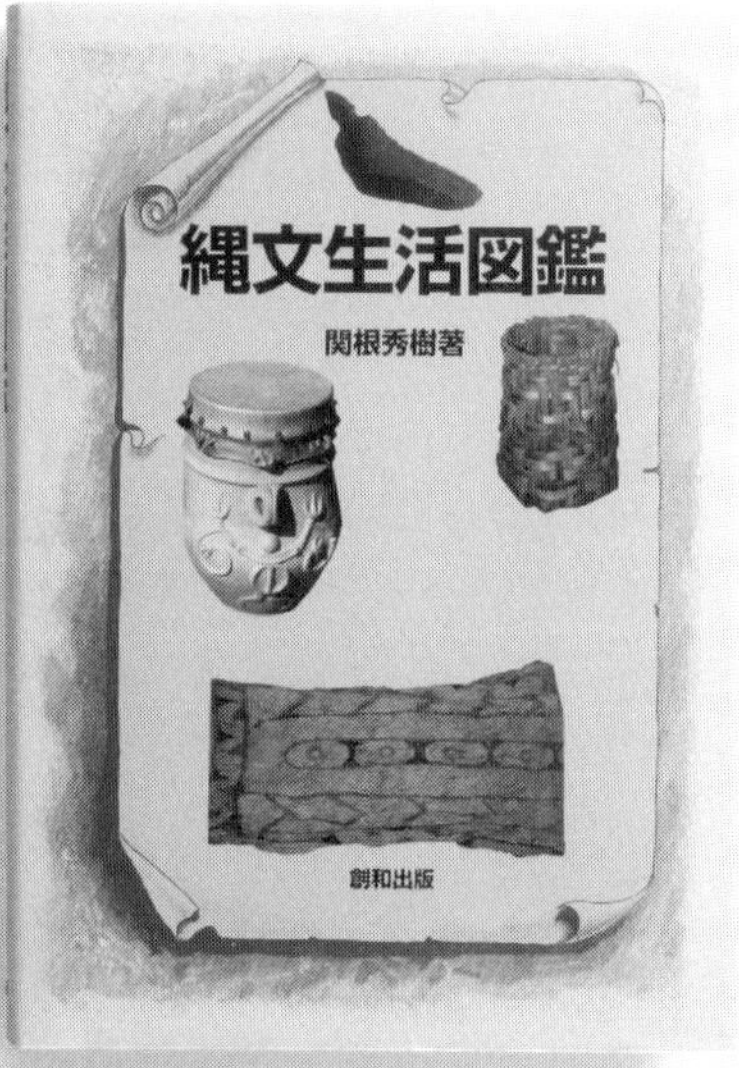

39

▼縄文の知恵と技術に挑むアウトドア百科。まずは火起こし、焚き火。土をさがして、土器づくり。塩つくり。どんぐりの粉を使って縄文クッキー。筆つくり。楽器（草笛、うなり弓など）つくり。絵の具からつくって、絵を描く、などなど。著者は、縄文人や少数民族・先住民の生活技術を実験・体験しながら研究している和光大学の先生。ものすごい集中力と、おちゃめな人柄で、ほびっと村学校の体験ワークショップでは大人気でした。終わったあとはみんないい顔してました。（ゆ）

スローライフな時代の暮らしの事典

編／家の光協会　発行／家の光協会　3200円+税

40▼ 一家に一冊、暮らしの知恵袋。食、住、衣、健康、年中行事まで、エコロジカルに、楽しく生活していく方法を網羅。昔からの知恵を大切にしなくちゃね。地味な本ですが、たいへんな充実感があります。たとえば炭。冬になるとわたしは火鉢を（都会のアパートで！）楽しんでますが、火をみてるだけで何時間でもぼーっとできるのです。それは極上の時間です。飲料水や風呂にいれるという実際役に立つ以外でも、このような効用があるのです。スローライフは実践してこそです。ひとつひとつ、楽しみ方を教えてくれます。（ゆ）

ガンジー自立の思想
自分の手で紡ぐ未来

著／マハトマ・ガンジー　編／田畑健　訳／片山佳代子
発行／地湧社　1900円+税

41▼ わたしは毎日売上ノートを見て、ここのお客さんの渋い選択にうなることが多い。もちろんニューエイジも売れるが、もっとベーシックな本がやはり主流の本屋なのだ。そう思えるときはとてもうれしい。この本もそう。手仕事〜チャルカ（手紡ぎ車）で、イギリスに支配されるインドを救おうとしたガンジー。グローバリゼーションやアメリカ化ではない道をもう一度日本は考え直したほうがいいと思います。手仕事のきもちよさ、美しさをとりかえして、小さな国なりの道行きを考えた方がいいです。（ゆ）

ニッポンのサイズ
身体ではかる尺貫法

著／石川英輔　発行／淡交社　1500円+税

42▼

太陰暦もそうだが、すぐれた身体感覚をもった尺貫法も廃れて久しい。昭和三四年に商取引で尺貫法を使うことを禁じたそうだ。こうやってわたしたちはからだから遠くなりにけり。だが、ごはんを炊くときのお米のカップやお酒を注文するときはまだ「合」、土地もまだ坪といういい方がある。二畳で一坪、一畳は自分の寝台の大きさと考えればわかりやすい。メートル法だと、数字が意味なく大きくなりピンとこないのは確かだ（メートル法は地球の大きさという人間離れしたサイズを基準に強引に決めた単位だと）。な～るほど、これほどまでに西洋にやられているのね。最後は、時間と暦の話。これも興味深いです。（ゆ）

宇宙の暦は13カ月

著／小原大典　発行／プレアデス出版　1300円+税

43▼ナワプラサードでは毎年二回カレンダーシーズンがやってくる。秋から売るふつうのカレンダーと、六月から売れるマヤ暦「一三の月の暦」だ。七月二六日を新年とするこの暦は、毎月二八日×一三カ月十時間をはずした日＝三六五日からなっている。もう七年くらいこの暦を売っているのだが、自分では難しくてどうもと思っていた。でも、著者の小原大典さんのワークショップを主宰して、この暦のすごさが身にしみてきた。時間が一方向だけの西洋暦と違い、さまざまな入れ子状のサイクルがまわりめぐる暦なので、ふしぎに生きている感覚が活発になるのだ。自然の周期を失ったわたしたちには本当に必要な暦かも。（ゆ）

ずっとやりたかったことを、やりなさい。

著／ジュリア・キャメロン　訳／菅靖彦
発行／サンマーク出版　1800円+税

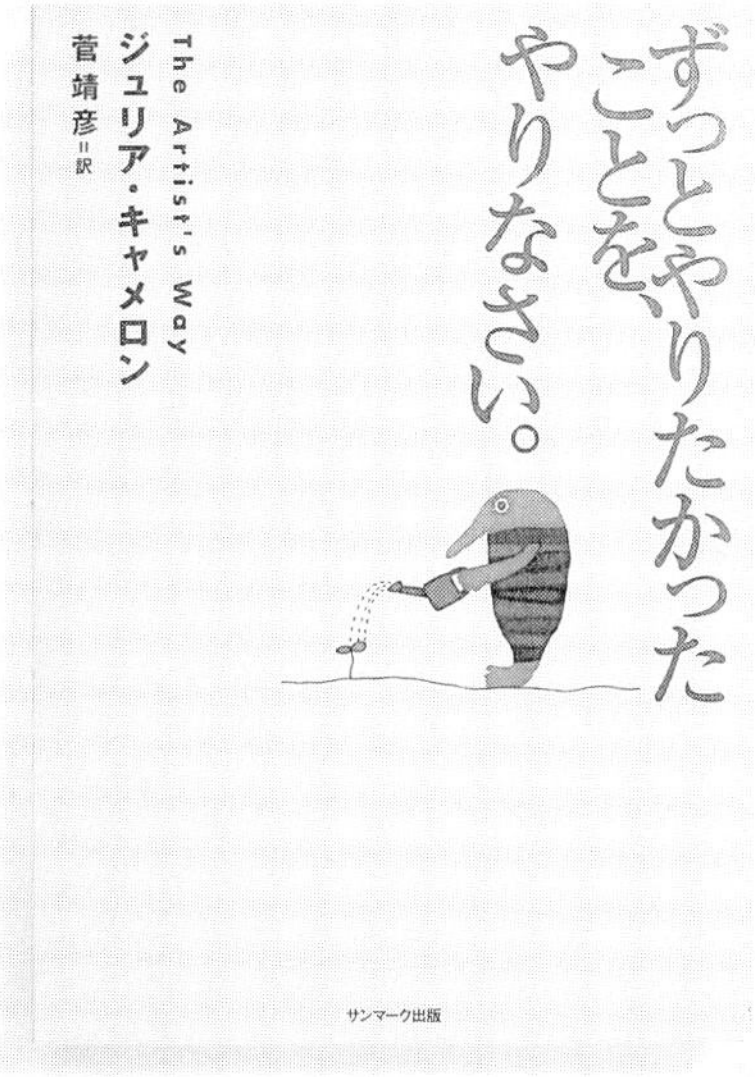

44▼

原題はThe Artist's Way。長いこと無視したり、虐待（芸術家では食えないよ！とか）してきた、自分のアーティストチャイルドをあらためてゆっくり育てる本です。女の人を中心によく売れています。ワークブック形式になっていて、少しずつ自分の本当にやりたかったことを再発見していく本です。人は「失敗するのが怖い」というが、ほんとに怖れているのは「成功するかもしれない」ということである、とは著者の弁。そうかもしれないです。同じ本で違う訳者の文庫本もソニー・マガジンズからでました。こちらは『大人のための才能開花術』です。わたしはサンマークのほうが、使いやすかったよ。（ゆ）

背く子　背かれる親

著／野口晴哉　発行／全生社　1200円+税

45 潜在意識教育叢書、とあるシリーズの一冊。「終戦の年、特高警察解体のニュースがでた。日本は負けたのだなと頭で悲しんでいるのに、体がスーッと楽になった。こんな感じあるのかって自分でもびっくりしましたけれども、頭は悲しんでいるのに、体はのびのびする。人間は何かそういう自由なものが必要なのです」。そむくことの背景には信頼というものがある。また人間には自由に生きる意欲というものがある。親子だけでなく、人に出会うということのほんとの楽しさを逆説的に教えてくれます。(ゆ)

ペルセポリスI　イランの少女マルジ
ペルセポリスII　マルジ、故郷に帰る

著／マルジャン・サトラピ　訳／園田恵子
発行／バジリコ　I・1400円+税　II・1500円+税

46

▼イランは遠い国だったが、読後は親近感がわいてくる大したマンガだ。独立心が強く元気な女の子、マルジ。生まれた家はモダンでアヴァンギャルド。七九年イスラーム革命、翌年一〇才のときベール着用が義務づけられる。革命ごっこに夢中になり、メードと一緒に流血デモに参加、親に怒られる。そしてイランイラク戦争、国内では原理主義者たちとの闘い。残虐な事件が次々おこるが、それでもマルジの生きるエネルギーが伝わってくる。Iは将来を心配した両親がオーストリア留学を決め、一四才の娘を空港に見送るまで。IIは独り外国で、恋、クスリ、失望など。Iはイラン通に、IIは人間通になるために。(ゆ)

おいしいから野菜料理
季節におそわるレシピ728

編著／自然食通信編集部、八田尚子　絵／村上ひさ子
発行／自然食通信社　2000円+税

47▼

夏ってわりと野菜が不足になりがちなんだよね、大丈夫かなわたしのからだブツブツ……と思いながら、ふと手に取ったこの本。野菜をメインにした料理やおかしのレシピが七二八も！　写真がないので一見地味なんだけど、本を読むようなきもちでみていくと、「わあ、おいしそう」、「簡単だけど思いつかなかった」というレシピがいっぱい。季節の野菜別にわかれているのでとてもみやすいし、乾物や雑穀のページもあって、お買得の一冊です。（な）

セルフヒーリング・クックブック

著／クリスティーナ・ターナー　訳／坂原幹子
発行／フレックス・ファーム　1942円+税

48▼

一九九三年日本での初版だからもう一三年も売っているマクロビオティックの料理本です。著者は、スコットランドのフィンドホーンで「キッチンに住む妖精たち」となかよくなったあと、アメリカでマクロを学んだそうです。そのせいかな、なんだかたのしさ、いたずらごころに溢れたレシピです。ストレスで甘いものに偏れば陰(ゆるみすぎ)にかたむき、塩分、肉、チーズで陽(ひきしまりすぎ)になります。野菜や穀類中心のたべものをバランスよくとって、こころとからだをたのしく癒していきましょう。(ゆ)

酵母食レシピ

編著／ウエダ家　撮影／岡野文彦
発行／北斗出版　1700円+税

49

▼まかふしぎな酵母菌、身近な野菜や果物をきざんで、水を入れ、ちょっとはちみつ。密封して一週間もすれば、にんじん酵母や、りんご酵母ができる。これを元に、おいしいパンが焼ける。自分でつくるパンは最高のぜいたくだと思います。毎回パン屋で買うのもね、と思っている方、試してください。この酵母はドレッシングに入れてもいいし、いろいろ料理に使えます。台所の奥深さを知ります。またこの酵母をみんなでとりかえっこしてもいいですね。たのしいコミュニケーションになります。（ゆ）

2000 12・2001 1

さいきん、自分の中の女神にうっすらとだが気づきはじめた。すると不思議なことに外見も大事だな、と思うようになった。こころの扉の大切なものを垣間みると、それにふさわしい衣装をまとわせたくなったのかもしれない。まず髪型を変え(なんだかシックに、かつワイルドになったような……)、服はそうすぐ買うわけにもいかないので、持ち合わせの中でいろいろ工夫してみている。

これは**フェリシティ**との大島での**ターラダンス**ワークショップに由来している。ターラはチベット仏教の女神で、日本でいえば観音さまかな。二一のターラ礼賛のダンス。参加者はターラのさまざまな側面をひとりずつ踊る。たとえば、「創造的な知恵」「憤怒の慈悲」「輝ける健康」「完全無欠な徳」「毒の錬金術師」「吉祥なる美」など。わたしは本屋にふさわしく(?)「この上ない知性」と、(人数不足のため)二一番目の「完全なる覚者」を朱赤のサリーで踊るはめに。といっても二分くらいずつなんだが、どっちも超難題だった。海のみえる亜熱帯の美しい大島の海洋公園にて、みる人は踊る人より少ないくらいだったので、海に捧げるつもりで踊った。できはよくわからないが、いい体験だったことは確かだ。ただ、帰ってから少し落ち込んだ。この体験を日常のリアリティにどう持ち込んだらいいのかわからなかったのだ。

フェリシティ
セラピスト、ダンサー。ほびっと村学校のマンダラワークショップの講師。

ターラダンス
アメリカ人のプレムというダンサーがはじめた。二〇〇二年には、世界中の女の人たちが集まり、ダラムサラ巡礼のダンスを捧げた。フェリシティはプレムの弟子で、オーストラリアと日本でターラダンスワークショップを開催。

自分をみていくと、さまざまな生き物がいる。情けない人間やら、悪魔やら、母も、元気な少女も、ニンフも、もしかして女神も。わたしの中のマンダラを作りたいと思った。できるものなら、その中心に女神をおきたいものだ。そんなわけで、一月の、ハリー・オースティン・イーグルハートさんと小田まゆみさんのワークショップ「女神のちから、女神のこころ」をとても楽しみにしている。

2001 1

このところ、めまぐるしく、自分の目に映る風景や人びとが毎日、違っている。といっても、みんな、底の底の願っていることはあまり変わらない気もした日々だった。一月はワークショップ「女神のちから、女神のこころ」で、小田まゆみさんとハリー・オースティン・イーグルハートさんを迎え、自分の中の、生命力やスピリットに耳を傾けようと訴え、ついでに京都でのその催しまで、でかけていって、女たちのつながりを祝福しあった。

帰ったとたん、ナワプラサードの元スタッフのビデオ上映会をひそかにはびっと村学校で行なうことになった。性暴力のサバイバーのつくる祈りのビデオ、という超個人的作品だったが、普遍的な美しさがあった。白い部屋のなかで活元運動のように揺れる白い身体の最初はハートに、次にゆっくりと全身に、赤味がさしていく。あるいは、澄んだ川の水のなかをひたすら歩く素足。この二つのシーンは特に印象的だった。癒されることの意味が伝わってくる、作品だった。

そしてきょうは、東京自由大学で**山尾三省さん**の詩の朗読会があるので、でかけたのだ。知ってる方もいると思うが、三省さんはガンを患われている。でも、その日の三省さんは生きる気力でみなぎっていた。そして、アニミズムの立場から、阿弥陀仏のこと、生きること、の詩を、言霊の力にのせて、よんでくれた。

東京は雪だった。しずかに、雪が降っていた。ときおり、車のチェーンの音がしゃんしゃん、と鳴っていた。わたしのこころも、わたしの出会う人のこころも、静かに、癒されますように。ナワプラサードのカウンターの中から、みんなの春を、みんなのよろこびを、祈っています。

2001 7・8

池田小事件のあと、四、五日してからだろうか、ひとりで家にいて泣けて仕方なかった。理由なんてない感じがした。あとで娘が帰ってきて、その前日、彼女もひとりで、家のソファで泣いたと聞いたとき、ああ、日本中の人が、そうやって泣けばいい、と思ったりした。がまんすることなんてないの

山尾三省さん
屋久島在住の詩人だったが、02年夏に亡くなった。わたしは宮沢賢治と並んで国民的詩人だと思う。

だ。悲しければ、泣けばいい。その他に、なにができるというのだろう。

犯人の個人的事情などに興味はないが、あの立派なガタイが妙に気になった。つかまったときの写真しか知らないが、骨太の、女にもある程度はもてそうな、からだ。ああ、あれだけのからだをもっているのに、宝の持ち腐れだ。子どもたちはどれほど怖かっただろう。男の力の間違った、使い方だ。

こんな感想をいくら書き綴っても、むなしさを覚える。ことばの力の無力を感じる。わたしはわたしの中の荒廃がこわい。今度の事件に影響されないように、自分の中に、火をともしていようと思っても、こころがすさむ。ほんとうにいやだ。もっと泣くしかないのかな、滑稽でも大袈裟でもいい、なんでもいい、でも自分の感情を軽蔑してはいけないのではないか。

2001 9

津軽三味線を習いはじめた。飲み屋の二階で、友人から、週一回。それもひょんなことからはじまったので、自分の意志ではないことがおもしろい。

すべて口伝なので、二曲覚えるのに数カ月はかかった。指も動かないし、太棹は重い。家では他の友人から（小唄、新内用の）細棹を借りて練習しているので、先生のところに行くたびに、この男だての三味線に「えーい」というきもちで臨む。最初の曲は有名な「津軽じょんがら節」。これは早くて技巧が多くてわたし向きではないことが覚え終わってからわかった。なにしろ大げさだが、弾いている最中は息をするヒマがないのである。

で、二曲めはゆっくりなのを希望した。わたしは昔から、足りない音くらいのほうが好き。「十三《とさ》の砂山」という曲で、ちゃんと弾けると（ごくたまにだが）、かっこいいなーと、ひとり悦に入っている。なんだか、唄もうたいたくなってきたが、わたしの先生は今のところ教えてくれないので、勝手にふしをつけてうなっている。少しずつ、たのしさが増してきて、うれしい。続くといいなあ。

2001 10

ナワプラサード入り口に、生命の樹、LIFE TREEを作りました！　今回のテロ事件が起こったとき、地球上で起こることすべてのことは当事者だけの問題ではない、ひとりひとりの問題なのだと強く思いました。本当に地球はひとつなのだと。みんなの未来はみんなのもの。誰かに奪われるなんていやだ。そうだ、前から考えていた、夢でできたライフツリーを今やろう！と思いました。葉っぱにひとりひとりの夢を書いて、ライフツリーに貼ってゆきます。ひとりひとり違っているけどみんなつながっている、ひとつらなりの命の樹です。みんなの未来を今作ろう！　未来のビジョンの夢をライフツ

リーに託して。みんなの未来が明るいものになるように夢の葉っぱを結びに来てください。まってまーす。(ま)

平和へのメッセージも受付けています。そちらはファックスでもいいです(03-3331-3067)。みんなの夢を結ぶライフツリーのほうは、まっちゃん(ナワのスタッフ)が紙の葉っぱを用意しています。ひとりひとりが、自分の夢やビジョンをしっかり(今の時期はとても難しいけど、それでもなんとか)描くことが、集合的にいえば、これからの平和のいしずえになってくれると思って、ある意味で、小さな行為の遠大な計画ですが、お店に遊びに来たときに書いてくれるとうれしいです。パン屋になりたい、みたいなことでいいんです。未来を描くことは大切だから。(ゆ)

2001 11

NYのテロのあと、アフガン空爆と続き、わたしのからだはがちがちになってしまった。いかに自分の身を守りながら(自分のこころの灯明を消さずに)、こころを開いていられるか、は、ここのところ、ずっとテーマだったのだが、今度の戦争は身に余った。大げさないい回しと思われるかもしれないが、空爆がはじまったとき、もう、こんな世の中に生きていたくない、二一世紀は大嫌い、と思ってしまったのだ。からだはテンパっているし、苦しかった。

必死だった。いろんな人の意見を聞きたかった。友人たちはそれぞれ、自分の考えを聞かせてくれた。こんなことは前から続いているのだから、今さらばたばたしているなんて?ということもいわれた。たしかにそうだ。これまで、不感症すぎたのだな。貿易センタービル崩壊の映像は強烈だったが、それはただ表面に問題が浮かびあがっただけなのだ。他の友人はダライラマの身の処しかたを教えてくれた。悲惨な話をたくさん聞くが、いい話だけを心に残すこと。それもいいかもしれない。でも冷たくないか? 空爆の日にお会いできた、**トゥルシック・リンポチェ**は、心配はなんの解決にもならない、と明言なされた。たしかにそうだ。無益なことだ。でも、こころはざわざわしているし、この緊張、からだの固さはどうしたらいいのだろう。平和を自分の中にみつけるにはどうしたらいいのか?

わからないなりに自分で動く日が続いた。ある日は気分を変えようと、都庁前広場で行われた、伎楽の集いにでかけた。マスクを被った人たちの(日、韓、中、インドなど多国籍の)踊りと音楽。ああ、いいなあ、どんなになっても、life goes on. 多民族の自覚こそ、地球の人たちに必要だな。それも音楽や踊りならば最高だ。少し、こころがゆるんだ。一緒に行ったまた別の友人の「ゆりちゃんは多神教だから、大丈夫」というわかったようなわからな

トゥルシック・リンポチェ
ダライ・ラマの師でもある、チベットの高僧。この時期たまたま日本にいらしていた。

いような慰めも、うれしかった。
ずっとサボっていた整体の稽古にも行ってみた。先生はものすごいアドバイスをくれた（わたし個人にではない、そこにいた四〇人くらいの人にだ）。肛門を閉めて、結界をはること。そして、自分の中の動きをみること。ああ、そうやって、しゃんと身を守り、自発的な動きをすればいいのだな。そうすれば苦しくない。世界平和は自分の肛門から、というのは本当に意外な発想だった（先生によれば、ブッシュ大統領は肛門が開きッぱなしとか）。そんなわけで、ここ何日か、自分の尻の穴を意識する日が続いている。そうすると自分のからだが弛んでくるので、きもちも楽になってきた。リンポチェのおっしゃっていることも、すべてつながってきたような気がする。がちがちのからだでは、ほんとうになにもできない。

2001 12.2002 1

横浜トリエンナーレで見たフィルム。ベトナムの水深五メートルくらいの透明な海底に人力車が三台。若い男がふたりずつひとりは前でひっぱり、ひとりは後ろを押す（重そうだ）。黙って（水の中だからね）えんえんと、それだけ。むろん途中で息継ぎをしないともたないので、ひょろひょろと（ぼーふらみたいに）六人がばらばらに海面まであがっていく。雲が動くのをみていると見飽きないように、これがぜんぜん飽きない、いつまでもみていられるのだ。

会場は広くて全部はとてもみきれない。別の日に、まっちゃんがみたフィルムは、きれいな花びらが無数に地面に散っている。そのうちにカメラは木の幹を下から上に……。と、上で木を必死で揺すっている奴がいた!! カメラはそれをしばらく写したあと、また地面の花びらに戻る。きれい。その繰り返しのフィルムだったそうだ。

これって人生そのものだよねえ、とふたりで話した。美しくて滑稽で、なにしているのか空しくもあり。遊びをせんやと生まれけむ、のはずなのに、ミッドライフの疲れもあり。でも空や雲や花や木はいつでも、そして時として人間も、やっぱり美しい。年をとったら、人間の愚かさ醜さも全部ひっくるめて愛す以外にないのかな。まだ少し抵抗があるけど。

きょう、とても小さい額縁を買った。家に帰って何を飾ろうかとごそごそし、小さな鳥獣戯画風の猿のイラストを見つけた。横にばーか、と書いて、トイレに飾ってみた。うーん、決まったな、と大満足。みなさんも疲れたら、小さないたずらをしましょう。元気がでるよ。

2002

店にいるとき、娘から「何時間もひどい腹痛で我慢できない」と息もたえだえの電話が。すぐには帰れないので実家の母に連絡したり、講座の人に戸締まりを頼んだりして、なんとか駆けつけると、すでに救急車を呼んだあとだった。救急車はすぐきたがすぐには出られない。受け入れてくれる病院捜しである。幸い近くの病院がOKだったので五分くらいで出発した。

お母さんと医者がいるという安心感からか、病院に着くと激痛はおさまってきた。X線撮影をして、できた写真をみたが、原因はけっきょくはわからなかった。ただ、わたしはその写真の美しさに感動した。みごとな背骨、骨盤である。背骨はかるい湾曲をみせてりりしく連なり、骨盤は力強くふたつのかなめとなってからだの中におさまっている。以前に歯の治療のため、自分のあごのX線写真をとったときも、その逞しく美しい骨にうたれたが、まことに人体というのは遥かに人智を超えたものであった。

娘の腹痛に対しては結局頓服が処方されただけだった。可能性としては、風邪か（熱はない）便秘によるものか。娘は前日徹夜気味なのと、体育のラフープの筋肉痛もあるが、といったら、担当の女医さんは「うーん、可能性はありますね」だと。念のためいっておくが、女医さんも看護婦さんもX線技師も、また救急隊員の人たちも、（自分の仕事を淡々とこなす）超感じのいい人たちであった。娘は翌日一日家で寝ていただけで、もうけろりとしている。普段病院に縁のない生活なのだが（たいていのことはテルミー〔温灸〕ですましている）、あのX線写真は欲しいなと思った。くれないかなあ、いってみようかなあ。

2002 4

先日の休み、思いついて父と母を家での夕食に招待した。すぐ近くに住んでいながら、ふだん積極的に交わらないせいか（1. 双方ともシャイ 2. めんどくさい、などの理由による）、ものすごくよろこばれた。ちょうど（わたしの思い違いで）娘たちは外出中、三人での食事となった（しまった……）。でも会話は他愛ない話ではずんだし、わたしの料理も評判よかった。父がずいぶんからだが弱ってきてあまり外出しないので、ふたりで退屈していたのかもしれない。

ふと、うれしそうにしゃべっている母の手に目がいった。細い小さな手で、ずいぶん、しわがよっている。でも、そのしわはまるで葉脈のように、あるいはレースのように、きれいにみえた。でも口にだすとしわそのものに話が行ってまずい、と瞬時に判断が働き、黙ってしばらくそれを盗み見していた。

あとで思ったのだが、いくつになっても、母を美しい、と感じられるのはいいことだ。それが、たとえからだのごく一部だとしてもだ。うんと小さい子どもは、自分の家の自慢をしたがるものだ。お母さんがきれいとか、お父さんが金持ちとか、うちに何々があるとか。近所の子どもがほんとにそれを信じきって、自慢しあっているのを聞いたことがあるが、それはおかしいやら、かわいいやら。で、なんだか、大人のそれって、こういう風に巧妙にいわないと、だめなんか？という気もするけど、でもいずれにしろ、母の手をみて、わたしはなんだかいい気分になったのだった。

2005

マンダラワークをしてくれたフェリシティがオーストラリアに帰国の日。荷物があんまり多かったので、送っていくことになった。途中、九段下のホテルに寄り、別の荷物もパックし直して、他の女友だちも合流、たのしくお茶をした。

成田行きのリムジンバスが出る箱崎に行くにはまだ少し時間があったので、散歩に行こう、ということになった。北の丸公園でも、と思っていたら、フェリシティが「靖国神社にいこう」というのである。靖国？　お詣りするなんて考えたこともなかった。あまりに政治的なところなので、わたしの頭からはポッカリ存在がぬけていたのである。でも彼女が「戦争で戦った人たちは、ホントにゴクローサンだったよ」と少し変な日本語でいうので、わたしもそうは思っていたので、大きな鉄の鳥居をくぐってしまった。
きもちのいい天気の日だった。本殿の前で手を合わせ、彼らの鎮魂を祈り、ついでにわたしたちの魂の安らけくあることもお願いした。帰り道、なんだか胸が痛い。前を歩くフェリシティにそう訴えると、ふりむきながら「わたしたち、昔は男だったよ。いっぱい戦ったよー」と言う。うううーむ、そうかもしれん……、だから、今生では女なのかなあー。

2002 7・8

去年の九月から、たくさんの人たちの言葉の葉っぱで入口の「生命の樹（LIFE TREE）」はいっぱいになりました。そして先月六月一日、「生命の樹の下で『声の福音書』を読む」と題して**河村悟さん**のレクチャアと**香月人美さん**のポエトリーリーディングが行われました。その中でもう一度、すべての葉っぱをはがして、貼り直しました。ひとつひとつの言葉を大切に想い、だいじに扱うことで、ひとつの区切りになったように思います。みんなの想いを託した葉っぱをいったん井草八幡に納めることになりました。また、ここから新しい「生命の樹」がスタートします。本当の平和にはまだまだ道が遠い。もう一度。もう一度。あきらめないで！（ある一枚の葉っぱに書かれ

河村悟さん
放浪の詩人、ポラロイド・フォトグラファー。

香月人美さん
ダンサー。しゃがれ声で詩も朗読する、すてきな人。

た言葉）です。葉っぱに言葉を書いてくれた皆さん、どうもありがとう！これからも「生命の樹」は続いていきます。どうぞよろしくね！（ま）

毎日、いろんなリアリティが押し寄せてきます。さまざまな人がさまざまな活動をしています。ときどき、それらに押し流されて、だいじなものがみえなくなるときがあります。そんなとき、自分はなんのためにこの本屋と学校を続けているのか？と思い返します。「いのちのひみつを、みんなと分かちあいたいからだ！」という声が自分の中から聞こえます。そうでした、それが基本なのでした。

香月人美さんはリハーサルのときは、最後に「もう一度。もう一度。あきらめないで！」とその言葉が書かれた葉っぱをもっていったのでしたが、本番のとき、みごとに忘れたのでした。だから、その葉っぱから、生命の樹をまたはじめました。大切な私たちの樹です。みなさんがまた言葉や絵を書いてくれると、とてもうれしいです。ふたりのアーティストも、またきてくれることを約束してくれたので、その約束はわたしのこころの中でまたよろこびの種となっています。（ゆ）

2 0 0 2 9

うちの犬は柴犬とコリーの雑種である。コリーのようにハンサムな顔をしているのだが、柴犬の血が濃く、よく吠える。番犬としてはいいのだが、どの人にも吠えるので、うちの客は災難である。だが、今まで一回だけ吠えなかったことがあった。事前に、吠えないように、といい聞かせてみたのである。現れたのは、子どもの家庭訪問の先生。きれいなお姉さんだったせいか(ウチの犬はオス)、ワンともスンともいわずおとなしくしていた。ちょっとびっくりだった。

それっきり、その事件(?なにも起きないジケンだけど?)のことは忘れていたが、最近、米国の動物サイキックの人が書いた、『アニマル・コミュニケーター』(ヴォイス)という本を読んで、そのことを思い出した。そうだ、動物ともコミュニケーションが大切だな、と反省したのである。このところ、あまりかまってやっておらず、塀がこわれて犬が遁走すること三、四回、ひじょうに嫌だったが、暑いせいもあり、直す気にもなれず、ただ困っている、という無策ぶりだった。

ああ、いい聞かせてみよう、と思った。そこで、ここ数日、「楓ちゃん、逃げないでね」とやさしく呪文のように、外に出すとき、いってみた。そしたら!!逃げないのである。おとなしく、まんまるの目でわたしをみているだけだ。ひえーっである。元気のいい子なので、いうことはぜんぜんきいてくれない、と諦めていたので、これはこっちの扱いが悪かったのだ、と本当にわかった。これまで、ごめんなさい。
吠えるほうは、ときどき実験してみよう、と思っている。塀は、旧盆の休みのとき、直す予定だよん。

2002 10

中山ラビさんが店に来た。黒ずくめの衣装に金髪の、かっこいい人だった。一緒にいた女の人（バンドの人か？）も、似たような雰囲気の細身のお姉さん。納品してくれたCD『らびIng』は、もうあのころの匂いでいっぱいの、かっこいいロックだった。今どき、こんなにシャウトしてうたう人はいないよ。お客さんのいないときなど、ボリュームいっぱいにして聞いていると、不思議な感じに囚われる。変わらないものと、変わるもの、のことである。なんだか、どっちもけっきょくは同じ、などと乱暴な結論になっちゃうCDだな、これは。そんなことはどうでもいい、魂がなにを感じているか、だけだな。

別の日、来日したジョゼ・ピニエィロとふたりで近所の沖縄飲み屋で飲んだ。ラビさんとは全然タイプの違う人だけど、なんだか共通項があるような気がした。一見、全然、なさそうだけどさ！　ジョゼは、実生活ではすごくバランスのいい人、という気がする（ごめん、ラビさんのことは知らないよう！）。地に足がついて、家族仲もよくて、あったかい人。でもそんなことを一切忘れて、ヘペンチスタ（ブラジルの吟遊詩人）の一〇行詩、八行詩のかけあいを、ポルトガル語の甘い響きで詠んでくれた。そのとき、大げさだけど、人間の大きな可能性を感じたのだった。感じたままを生きればいいのだ。遠いユートピア、どこかの聖地より、自分のこころだ。悲しければ泣く、いっしょに泣く、笑いたければ、いっしょに笑う。そんなすなおな自分に会える日はいつだろうか。

2002 II

柔らかいエネルギーには形がない。生まれたばかりの赤ちゃん。女の人たちのフラダンス。海の波。ただ繰り返し形を変えていく、柔らかい力強いなにか。わたしはそういうものに出会うと、言葉がなくなる。ただただこころの中から笑みが湧いてくる。涙が湧いてくるときもある。「美は命の異名である」といったのは石牟礼道子だったな……。その美しい柔らかい力強いなにかに会いたくて、わたしはきっとこうやって生きている。

だけど、自分をとりまく世界はそれと反対の方向にばかりいこうとしている。テロ、戦争、そんなに大きなことだけじゃなくても、身近ないさかい、行き違い。世界は勘違いと思い込みでできている、と皮肉のひとつもいいたくなる。でもでも、皮肉屋のミー(ムーミン谷のだ!)もいてこその全体だ!と自分を励ましてもいる。だが、きょうはアロハフラのミニコンサート。薫さんたちのあまりに柔らかいバイブレーションに皮肉屋のミーはあっけなくやられてしまいました……。すばらしい踊りだったよ、ブラボー、嘘じゃありません。

2002 12

冬のたのしみは火鉢である。帰るとまず、炭をガス台でおこし、火鉢に入れる。しばらくみとれる。はっと気がつくと、時間がずいぶん経っている。食事の支度をするときは、遠い火鉢のようすを気にしている。少しずつ燃えて、灰になっていくのをみるのが好きなのである。火箸をもっていないので(あまり最近売っていない)、木の菜箸でつつくのも好きである。木の箸はすぐ火がつくので、あわてて灰の中につっこんだり、水で冷やしたり。

この火鉢で今年は味噌をつくったので、炭を炊くと、その味噌の残りがぷつぷつと火鉢の側面に、かびのように、でてきた。もちろん、火鉢として再利用の前に、じゅうぶん水洗いして、どこにも味噌など目にはみえないのに、火鉢が暖まると、びっしりわいてくる。ふしぎだなあ、と感心するわたしの横で、娘たちはきもちわるい、割れるんじゃないか、と拒否反応。無視して、毎日眺めていたところ、一〇日くらいで、味噌はわかなくなった。ちょっとつまんない。味噌が焦げる匂いもけっこう好きだったのに。

ふつうの密閉度の高いアパートなので、寝る前に少し換気をしてベッドに入る。起きると、毎日火鉢の中をみる。炭が一、二個燃えそこなって残っている日は、なんとなく機嫌がいい。そんな冬の日々。でも、もっと寒くなると、火鉢だけではなあ。

2003 1

一月の半ば、仏さまが悟りをひらかれた地、インド・ブッダガヤに行くことができた。ダライラマの平和祈願、カーラチャクラ法要に行こう、と誘ってくれた友人がいたのである。

日本から二日半かけて着いた（霧で汽車は八時間の遅れ）ブッダガヤは、インド全土、ネパール、ブータン、またチベット本土からやってきたチベット人（ブータン人も）の僧侶やふつうの人びとで押すな押すな、であった。また他にも団体でわたしがみたのは、イタリー人、オーストラリア人、ニュージーランド人、ロシア人、韓国人、台湾人などなど。個人旅行者となると、もうさまざまであった。生涯わたしはこんなにたくさんの異民族にいっぺんに接したのははじめてな気がする。昼は暑くほこりっぽく、夜は東京より寒いくらいの北インドの田舎町に一大チベットタウンができたのである。

今回はセキュリティが厳しく、カメラはだめ、ボディチェックあり、銃をもったインド人兵士（警察かもしれん）が見守るなか、毎日法要が行われる。そのものものしさを和らげてくれたのは、法要に参加した十何万人全員に、バター茶を配る数百人の若いチベット僧たちであった。錫のポットをぶらさげて、彼らは会場（もちろん野外、天蓋はあるが）を全速力で走るのである。もううれしくて走らずにはおれない、ように走るのである。早い、早い。帰りは空《から》だからとくに早い。まだどこからか二回目をいれてうれしそうに戻ってくる。よけ損なって突き飛ばされる人もあるが、文句をいおうと起きあがっても、相手はもうどこかずっと先。それをみているのはほんとにたのしかった。チベット民族の健全な一面がみられて、ほんとによかった。ずっと前から思っていたが、仏教はこの人たちの自然さをぜんぜん損ねていないのだ（う〜〜ん、日本はどうか、とすぐ思っちゃうのが、な〜、である）。

夕方外に出ると、今度は居並ぶチベットカフェ（もちろんテントだ）、商魂逞しいチベット人やインド人の物売り、そして、近隣から集まる乞食の数も半端じゃない（一〇〇〇人はいたか?・?・）。わたしがみた限りだが、この人たちにお布施をやっているのは、チベット人のおばあさんくらいで、あとの人たちはほとんど無視、というのもおそろしい現実であった。ほんとにインドはなにもかもあからさまなところであった。やられた。深く深く、やられた（腹もやられたが、医療テントで、チベットの丸薬をもらい、だましだまし）。

他にもたくさんのことがあったが、とても書ききれない。これまで、いろんな旅をしたが、こんなにからだ深くささる旅は、若いときの放浪の旅以来だろう。長い長い夢をみたような。飛行機の中で、わたしはそのありがたさに泣いたのだった。その、ありがたさ、というのは、すべての、と言い換えてもいい。これまでの人生を思って、これからを思って、ありがたくて、泣いたのだった。ちょうど照明が消されたときでよかった。帰りはひとりだったので泣けたのかもしれなかった。

それから短い夢をみた。うたげのあと、仏さまが寝釈迦姿でひとりおられる。チャンス。わたしが近付いてもいいか？と聞くと、よし、と答えられたような。でも、答えはなかったような。そんな夢だった。

2003 2

年末から年始にかけて、書棚の大シャッフルをした。まず洋書と和書をまぜ、ああかな、こうかな、と大移動。そのうち、こっちの方がいいかな、この台もこっちへ移そう、と次から次へとアイデアが湧いてくる。だんだん落ちついてきて、今の形に近くなってきた。スタッフ全員、かなり集中してやったので、正月休み、みんなその夢を各自の家でみる始末。北海道にいる元スタッフも、初夢に、「おぉナワの本棚の整理を手伝ってやるか」と思ったところで終わる夢をみた、というから、その波及度はすごい。

居心地がよくなったところで、今度はタイトルつけである。「土はきほん」、「いろいろやってみよう」、「地域通貨」、「どうぶつもともだち」、「山歩き 里歩き」、「身体にきく」、「若さのひみつ」、「夢にきく」、「悩み深きは……みんなそう」、「きもちよく暮らしたい」、「いのちのつながり おいしいごはん」、「日本のいろいろ」、「暮らしの技術」、「目のよろこび」、「セックスはだいじ」、「三省さんどこにいるの?」、「女のひみつ」などなど。まだ、タイトルが決まっていない棚もある。こころなしか、お客さんが前より長くいてくれるようになった気がするが、どうだろう? ああ、これで、中庭でもあれば、最高である。鳥が木の実をついばみに来て……。わたしはそんな本屋で居眠りをしたい……。

2003 3

久しぶりに、サイフを失くした。久しぶり、というは、若いころはボーッとしていたのでよく失くしていたのだ。そのころみた夢で印象的だったのがある。友だちが死んで（実際にはその数年前に死んだ友人だ）、なんだか警察に連れていかれた霊安室の前でびびるわたし。こわごわドアをなんとか開けると、予想に反して中は明るく光が射し込んでいて、しかもそのなにもない部屋のまん中に、わたしのサイフが（さんぜんと）落ちているのだった！

そのあとごろから、サイフを失くさない女に変身していたのだが、きのう、インド・ブッダガヤ効果が薄れていく悲しみにふけっていたせいだろうか、帰りのバスで失くしたらしかった。バッグの中にもなかった。うーん、いかんなあと思い、なんの警告だろう、と考える。感傷的になるな、ということか？　うーん、たしかに感傷はなんの役にも立たないのであった。わたしの生活に役立つのは感傷よりも金であった。

思えば、浮き世の苦労は昔から、金と人間関係、これに尽きる。ままならぬものは、このふたつ、多かれ少なかれみなさんもそうだろう。その中で、いろいろ学んで、たぶんすばらしいことを発見して、死んでいくのだ。そう思ったら、考えが少し前向きになった。インドがあまりにもいろいろあからさまにむきだしにおもしろかったので、日本のこの曖昧さ、甘さ、つまんなさにがっかりしていたのだ。だがいずれにしろ、夢、である。この生ぬるい日本で、わけのわからないまま苦労するのも、なにかのカルマだろう。したいことをすぐにちゃんとやって、したくないこと（あるいはできないこと、だな）はなるべく忌避する（うまくいくかなあ？・）、そうやっていけばいい、そうやっていけば、この曖昧な自分にも、いつかおさらばじゃ〜!!

2003 4

イラク空爆がはじまって三日目、**マタニティクラス**を終えてでてきた講師のきくちさかえさんはこういった。「妊婦さんたちにはテレビはみるな、といったよ」。本当にそうである。一種のメディア戦争なのだ。本当の爆撃や戦いの他に、メディアの戦争があって、二重三重のわけのわからない戦争なのである。人はこんな暴力には耐えられないのだから、妊婦さんに限らずテレビのスイッチは切りっぱなしにしておくのがよい。

今年一月、ブッダガヤのカーラチャクラ法要に行った時、友人がプレス席で出会ったクロアチアの女性ジャーナリスト。ユーゴの内戦で家族も仕事もなにもかも失い、すがるような思いでインド・ダラムサラのダライラマに会いにきて、戦争について尋ねたところ、「すべては無常である。だが、変化するゆえに、ものごとはいつか終わる。それがいつかは人間にはわからないが」、「リーダーというものの存在は、混乱しているときにはなおさら影響を与えるので、希望を失ってはいけない、と伝えてほしい。希望をもつように、と伝えてほしい」。以来、彼女は人に希望を与えるような仕事をしよう、と

マタニティクラス
バース・コーディネータのきくちさかえさんの出産準備クラス。このクラスがある日はパートナーの人も来るし、赤ちゃんを連れてくる人もいて、いつも賑やかなのだ。

心に決めたそうだ。

この日本で、なにもかもあって、でも希望だけがはっきりとない（！）中で、個人個人がNO WARということはとても大切だと思う。空は上天気、春のどけき花咲くころ、青空を味方にして、声に出していってみよう。NO WAR! YES PEACE!!って。

2003 5

友人の**平井哲藏さん**の個展が沼袋の「ちめんかのや」でやっていたので行ってみた。そのギャラリーもおもしろいトコだったが、あらためて「アートの力」を思った。こころの中にほっこり、しんとした空間を作ってくれるようなのである。彼の作品はひとつひとつ灯りが向こう側にあって、絵が浮かびあがってくるしかけになっていた。絵はだいたい、男とも女ともつかないような人が独り空に浮いていたりするような絵だ。いったん見終わって地下のバーでコーヒーを（前の人の個展でやった「ブリキの小屋」がバーに置いてあったので、その中で）ひとりで飲んだ。子どものころに隠れ家的雰囲気の一畳に満たないその小屋の中で、外（といってもバーの中だが）に流れるボサノバの音楽を聞きながら、ひとりになることの大切さをしみじみ感じたのだった。自分のこころの中の大切な空間を、なにもないきれいな空間を、

平井哲藏さん てっちゃんの愛称で親しまれている画家、イラストレーター。

ヒトは忘れてはいけないのだ！　多分そういうものでヒトはできているのだ。

だがヒトはひとりで生きているわけではない。もうコミュニティというものがない都会でさえ、ヒトはあらゆる関わりの中で生きている。友人、家族だけではない、好き嫌いでいったら嫌いな人とさえ、なんらかの関わりがあるのである。一蓮托生という言葉が昔あったけど、みんなガンジス河の真砂《まさご》なのである。そんな砂の一粒より小さいひとりひとりのなかにあるなにもないきれいな空間を、思い出させてくれるアートの力ってすごくないか？　でもそのアートだって、誰かが（この場合はわたしが）みなければ、そういうことは起きないのである。ああ、ヒトとヒトとの、モノとヒトとの関わりをバカにしちゃいけない、とひしと感じた、絹のような雨降る四月末の一日。

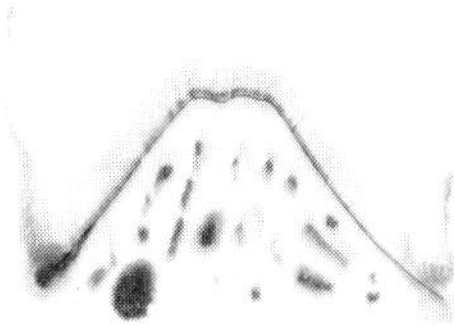

NAWA PRASAD'S RECOMMENDED 100

CATEGORY

海・呼吸・古代形象
生命記憶と回想

著／三木成夫　発行／うぶすな書院　2428円+税

50▼解剖学は不思議な学問だ。人間のからだ、内臓、筋肉などの形態を、植物、魚、動物のそれと丹念に比較し、想像もつかないような壮大なヴィジョンを与えてくれたのが、解剖学者、三木成夫だ。個体発生は系統発生をくり返すというが、「胎児が受胎三二日目あたりで水棲段階から陸棲にかわるとき母体はつわりを起こす」という著者の大胆な指摘には、今でも驚く。えら呼吸から肺呼吸に進化した生物のもつ、内臓感覚と体壁感覚の違いとか、横隔膜は首の筋肉の一部が降下してできた!!吸気専門の器官とか(ちなみに、吐気専用の筋肉はまだない！　だから息詰まりがおきやすい！とか)、もうほんとにおもしろい勉強です。(ゆ)

おぼえているよ。ママのおなかにいたときのこと

著／池川 明　絵／高橋和枝
発行／リヨン社　1000円+税

51

著者の池川明さんは産婦人科のお医者さん。胎内記憶が存在するという説と出合い、自らのクリニックでアンケートをとってみると、胎内記憶を持つ子どもは約半数、出産時の記憶を持つのは四割という結果でした。それらの記憶について語る小さな子どもたちと、そのお母さんたちの言葉をつづりました。子どもたちのことばはやさしい詩のようです。「誕生」という生命のひみつの結び目に向かい合うふたり。親子の間にかよいあう暖かいきもちが伝わります。とてもかわいい本です。

（由）

魚たちの家

詩／長沢哲夫　発行／南方新社　1000円+税

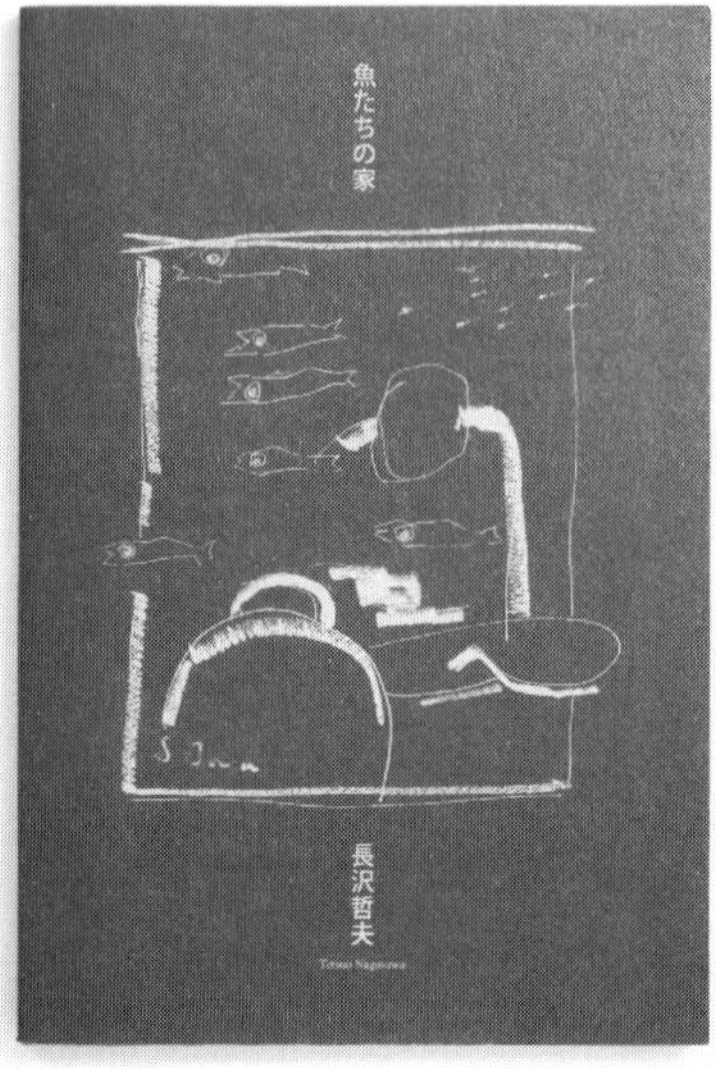

52▼

諏訪之瀬島の漁師にして詩人、長沢哲夫（ナーガ）の九三年から〇二年までに自費出版された五冊の詩集をまとめたもの。そして　潮がひき／赤茶けたサンゴ礁の上に／太陽が歌声の店を開く／買い手はまず沈黙の汁をすする「うたげ」。山肌に風がわたる／なつめ色の星のにおい／谷のせせらぎの音にまじり／あるとないが／ほんのりと空をそめる出会いに／つきあたる「夜明け」。「言葉をつかもうとするのは自分の影をつかもうとするようなもの」と後書きにあった。こういう人がいないと、わたしたちは窒息してしまうかもしれない。謎だらけの人間という存在に、涼風を吹き込む希有の詩人だ。（ゆ）

犬も歩けば

詩／ナナオサカキ　発行／野草社　1800円+税

53▼

ナナオ詩集待望の復刊。雨あって　濡れずということなし／風あって　吹かれずということなし／口あって　喰らわずということなし／手あって　働かずということなし／足あって　歩かずということなし／声あって　歌わずということなし／心あって　踊らずということなかれ「七行」。ナナオもナーガも三省も、「部族」という日本におけるカウンターカルチャームーブメントの最初の火種だ。だが三者三様、ナーガが風なら、ナナオは火、三省は地だろう。ナナオは人のこころに火をつける。世界中を歩きまわりながら、みなをけむに巻きながら、歌いながら。(ゆ)

祈り

詩／山尾三省　発行／野草社　2000円+税

54▼　屋久島の詩人、山尾三省が亡くなる年の一月。東京に大雪が降った日、ある講演会ではじめて彼をみた。茶色の作務衣を着た小柄な人で、わたしの目には森の精霊、コロボックルのように映った（ホビットというより）。彼が話すと森のざわめきが聞こえ、彼が動くと森の緑が辺りを染めるようだった。彼のもつ森の気配に深いアニミズムを感じた。真っ白なこの詩集はあの日の雪のようです。自らの死と真摯に向き合い、家族を愛し日常を慈しみ、自然の中に阿弥陀様を感じた詩人の一生の仕事の軌跡です。（ま）

聖なる地球のつどいかな

対談／ゲーリー・スナイダー、山尾三省　監修／山里勝己
発行／山と溪谷社　1900円+税

55

▼屋久島と亀の島（北アメリカ）に住むふたりの詩人の深い対話。自分の場所をみつけること、本当の仕事、美の中を歩むこと、原子力の問題などがシエラネバダの森の詩人の庵にて、語られていく。挿入されている高野建三の写真がすばらしく美しいし、また各章の最後に、ゲーリーと三省の詩が交互に載っていて、大切に読みたい本になっています。三省さんは亡くなってしまったけれど、この本はここにある、というのは実はすごいことです。旧友同士くつろいで、聖なる出会いに、加わりましょう。（ゆ）

紛争の心理学　融合の炎のワーク

著／アーノルド・ミンデル　監修／永沢哲　訳／青木聡
発行／講談社　700円+税　＊品切れ

56▼

プロセス心理学の雄、アーノルド・ミンデルのワールドワークの本だが、NYテロの後の二〇〇一年九月二〇日初版という実にタイムリーな出版となった。でも、世間では知られてないなあ。民族紛争や人種差別など、これまで個人という枠内でやっていた心理学をダイナミックに土俵を広げ、人間の共同体意識を高めるワールドワークにまで、昇華した前人未踏の仕事なのに（一度出てみたい、このワーク！）。このご時世、とてもとても参考になる本です。一読をおすすめします。（ゆ）

シャヒード、100の命
パレスチナで生きて死ぬこと

著／アーディラ・ラーイディ　写真／イザベル・デ・ラ・クルーズ
訳／岡真理、岸田直子、中野真紀子
発行／「シャヒード、100の命」展実行委員会　2000円+税

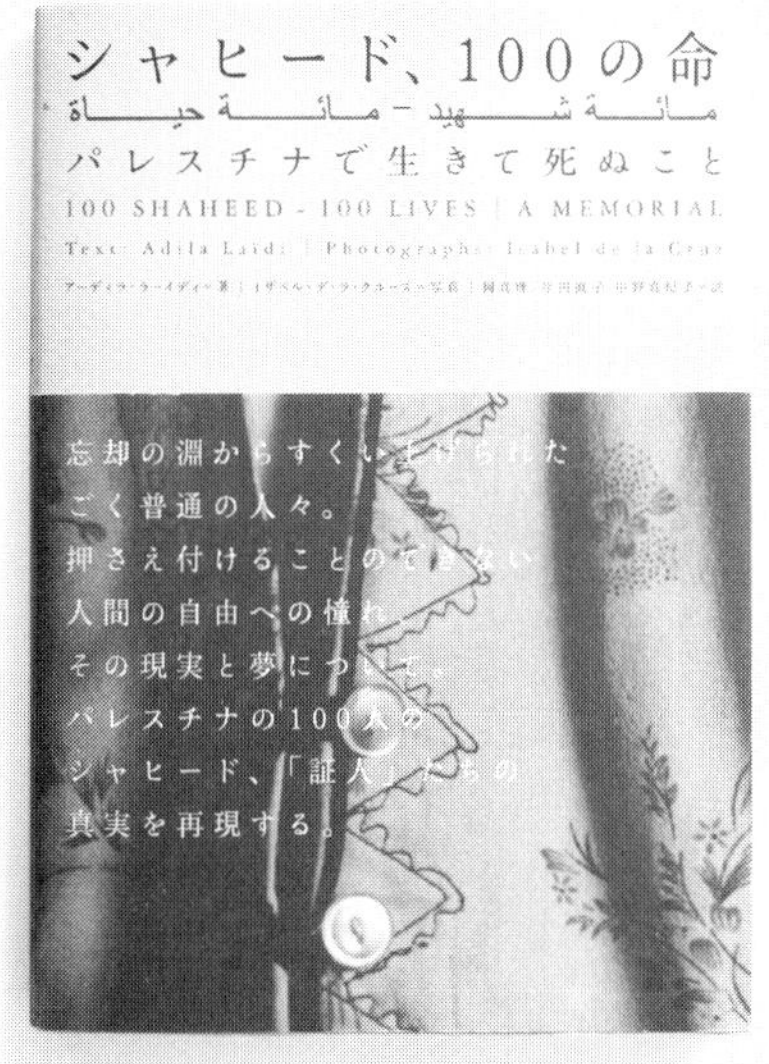

57▼ パレスチナの第二次インティファーダ（民衆蜂起）で命を落とした人たち（殉教者＝シャヒード）の墓標。美しい装丁で、ひとりひとりの写真と遺品と小さな物語が載っている。鎮魂の書です。政治的、歴史的問題についてはなにも言えないけど、極東の日本で、こういう本が出版され、誰かがそれを買うということは人間的営為として美しいことだと思う。こういった本に載らなかった人の方がずっと多いことも思い出して、日本に生まれた意味をもう一度考え直したい……。（ゆ）

戦争と罪責

著／野田正彰　発行／岩波書店　2500円+税

58▼第二次世界大戦時、中国で残虐行為を行った旧兵士に精神医学者がインタビューしたもの。あまりに多くを感じたので、なにを書いたらいいかわからないが、一番こころに残ったのは、〝なぜ、今の日本人がここまで感情が平板化し、愉快であることに強迫的になったのか〟。ほんとにそうだ。なぜ、苦しみや怒りやさびしさを遠くへ追いやって、表現してはいけないんだろう。たのしさやうれしさ以外のさまざまな感情をこころの底に沈めて生きたためにわたしの生は、色あせてぼんやりしているような気がする。こういうわたしと残虐行為をした兵士と、自分のしたことに直面できない日本という国と深く深くつながっている。(な)

今、親に聞いておくべきこと

著／藤原ゆきえ、田島安江　監修／上野千鶴子
発行／法研　1200円+税

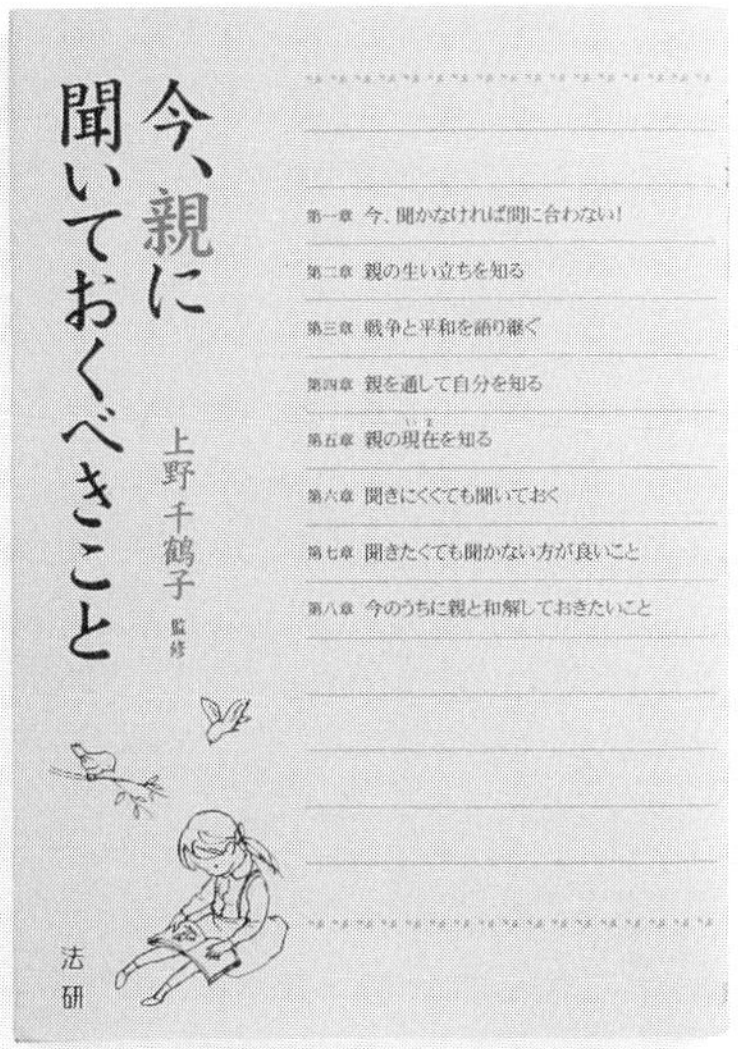

59▼

戦争のこと、死にゆく親に聞きたい、でも聞けない。戦争ばかりでない、親の言いたいことはなんだったか、言いたくないことはなんなのか。親を理解しないで、なんのピース&ラブだろう。親は自分を産んでくれた人。でも近すぎて恥ずかしくて聞けないという人のための実践インタビュー集です。親を理解すると、自分の幅も広がります。やさしいきもちになれます。この小さな本をきっかけにして、親と出会い直してみたらどうでしょうか。孝行したい時に親はなし、とはいうけれど、あなたが幸せであれば、亡くなっても親は幸せだと思います。（ゆ）

タオ　性科学
自然治癒力を高める陰陽和合の秘訣
タオ　性科学〜女性編

著／謝明徳　訳／鎌崎拓洋（倬寿）
発行／エンタプライズ　各5600円+税

60

▼疲れるセックスはどうも。したあと、ふたりでほんとに満足して元気がでてくるようなのがいいな。そんな人たちへの研究本。うちではまず洋書が売れてた。それから翻訳本がでたけど、これが医学書みたい。もう少し装丁を考えてくれたらいいのに、と本屋としての文句はともかく。タオ式HOW TO SEXです。性エネルギーを外に漏らさず、高次のエネルギーへと変容させていく方法が、男女別に描かれています。洋書でも和書でも中年の男の人を中心に売れてます。ときおり若い男の子や女の人が買うとヘンにうれしいわたしです。（ゆ）

男女のスピリチュアルな旅
魂を育てる愛のパートナーシップ

著／ジョン・ウェルウッド　訳／島田啓介
発行／日本教文社　1867円+税

61 ▼

恋愛は楽しいけど大変。他者と深くコミットメントすることは自分の内面をみつめることだしつらい作業だ。愛のもたらす苦しみにお互いが意識的にどのように関わり、痛みを引き受け、ポジティブなパートナーシップへの道に変容させていったらいいのかが具体例とともに載っています。さまざまな障害を乗り越えて愛を育てていくことはお互いの魂の成長であり、ほんとの意味で大人になっていくことと思う。ひとりでも多くの人、カップルに読んでもらいたい本です。ふたりの可能性の扉が開きます！（ま）

サターン　土星の心理占星学

著／リズ・グリーン　訳／鏡リュウジ
発行／青土社　2400円+税　＊品切れ

62
▼この本は、困難や苦痛の星という伝統的な土星の捉え方を越えて、土星こそが自己の内面を深め、成長を促し、人生を豊かにすると語っている。たしかに土星の影響下では、厳しい現実を通して孤独や恐怖にさいなまれ、フラストレーションを感じる。しかし、これらを通して、自分のみたくない部分（シャドウ）を鮮明にし、直視することにより、内面で折り合いをつけることができるという。
わたしたちの無意識は、常に「内なる統合」を求めており、土星を通じて試練を引き寄せるという。その中から内面の光と闇の統合を成し、真の自己へと到達していく。（フェルデンクライスメソッド講師、川前涼子）

魂の願い　新月のソウルメイキング

著／ジャン・スピラー　訳／東川恭子
発行／徳間書店　2800円+税

63▼

新月の日のお願いはかなう、という話。そうか、新月の日に種をまくとよく植物は育つというもんな、それと同じかな？　でも気をつけて、と著者は続ける。相手をどうしよう、というのはだめ。たとえ動機がどんなに純粋でも自分以外の人のことはなぜかかなわない。だけど、その人をよりよい方向に導くために、自分を変えたい、というのはかなうそうです。ここでわたしは信用しました。ぜんたいに肯定的な波動に満ちた本です。まっすぐに自分の人生をみつめようという気ががぜん出てきます。それだけでもすごくありませんか？（ゆ）

生き方は星空が教えてくれる

著／木内鶴彦　発行／サンマーク出版　1700円+税

64

▼臨死体験で宇宙のはじまりから地球の進化、自分の未来までみてきた人のすごいお話。意識だけになって時空を旅し、みたいビジョンを全部みたことで自身の才能を開花させた。人間の可能性って限りない！ひとりひとりは違っているけど本当はつながっている存在だということを身をもって？体験するなんていいなぁ。この人は彗星探索家としても有名で現在、環境浄化に力を注いでいます。どの命もすべてその命にしかできない役割をになっている、と生命の根源をみて来ちゃった人の言葉はリアルです。自分の役割ってなにかな？　からだがふわっとなって、こころの奥がざわざわした時、ちょっとつかめそう。（ま）

無限の本質　呪術師との訣別

著／カルロス・カスタネダ　訳／結城山和夫
発行／二見書房　2400円+税

65▼カスタネダの一一作目にして遺作ともなった待望の翻訳。こっち側からのおそるおそるの、でも無邪気な探究からはじまり、ついに全編あっち側としか読めない作品もあって、遺作はどんなん、と読みはじめたら、意外なことにカスタネダ自身の人生のできごとを師ドンファンと話し合う展開。以前は履歴を消すことに重点を置いてたのに、と思ったが、かまわず読みすすむと、人生の整理、というかカルマの解消の物語だった。世話になった人たちへのお礼詣り、だな。それも繊細にして的確な。こうやって準備して、無限の活動的本質に彼は入っていったんだな、と考えると、感無量となる。(ゆ)

セスは語る
魂が永遠であるということ

著／ジェーン・ロバーツ　記録／ロバート・F・バッツ
訳／紫上はとる　発行／ナチュラルスピリット
2900円+税　＊品切れ

66 ▼かつてわたしは現実を「夢1」、夢を「夢2」と名付けて、せっせと夢日記を書いていた。するとこのふたつのリアリティが異常に接近し、現実に大きな変化が訪れ、わたしは恐くなって記録をつけるのをやめた。だが一〇年たってこの本を読んだら、あれはわたしなりの稚拙な方法ではあったが、そう間違ってはいなかったことを知った。じょうずにからだを休めて夢の世界で遊んでくれば、現実にも風穴があいてご利益があるのでは？　セスは七〇年代から活躍（？）している元祖チャネルだが、その辺がきちっとアドバイスしてあって、今でもやっぱり未来の本だと思う。今度はうまくやれるかな？（ゆ）

注目すべき人々との出会い

著／ゲオルギー・イヴァノビッチ・グルジェフ
監修／棚橋一晃　訳／星川　淳
発行／めるくまーる　2200円+税

67▼

いい本が復刊されてとてもうれしい。七〇～八〇年代の若者を静かに熱狂させた本です（同名の映画もあったんだよ）。一八七七年コーカサス生まれの神秘家の半自叙伝的回想録。注目すべき人間とは、機知に富む点で周囲の人びとをしのぐ人間、本性の発露を自制することをこころえている人間、そしてまた他人の弱さに対して公正に辛抱強く対処する人間、とあった。すごい定義だなぁ。まず吟遊詩人のお父さんから、内的な自由の大切さと、一種の無頓着を学ぶ。また後半には沙漠の砂嵐のなか竹馬で！旅するエピソードも。空には満天の星、はるか下に砂塵が渦巻いている。そうだ高さだ、混乱から離れみるというのがポイント。（ゆ）

ラマナ・マハリシの教え

著／ラマナ・マハリシ　訳／山尾三省
発行／めるくまーる　1600円+税

68
▼沈黙のなかで「わたしは誰か？」と、問うことで自己の本質をみつけることを説いた南インドの聖者の言葉。この問いを常にもち続けるにはどうしたらいいですか？という弟子の問いに、他の想いが起こったらそれを追いかけるのをやめて、その想いは誰に起こってきたのか？と尋ねるべきである。どんな想いが起ころうと、起こるたびに問い続けなさい。と答えている。
繰り返し、そう聞いてるわたしは誰？そう思ってるわたしは誰？と問い続けるとわたしはわたしであってわたしではなくなり、もっと大きな命の根源を感じるようになるのかな？三省さんの名訳、あとがきにナーガの詩が載ってるよ。（ま）

スピリットとアロマテラピー
東洋医学の視点から、感情と精神のバランスをとり戻す

著／ガブリエル・モージェイ　訳／前田久仁子
発行／フレグランスジャーナル社　3000円+税

69

▼植物のエッセンスを蒸溜してできた精油。匂いは人間の最初の感覚ともいわれ、それゆえ無意識のセラピーとよばれるアロマセラピー。たしかに芳香をかぐと何かが変化する。人にやさしい療法のベストワンかもしれない。たくさんある関連書の中でナワプラサードで継続的に売れているのは、スピリットを癒すといわれる、この本だ。陰陽五行、東洋医学の見方をとりいれ、精油がおよぼす深遠な心理作用をくわしく解説している。著者はロンドンのアロマセラピーの学校の校長先生であり、指圧、鍼灸師です。（ゆ）

四つの約束

著／ドン・ミゲル・ルイス　訳／松永太郎
発行／コスモス・ライブラリー　1200円+税

70▼

カスタネダの本から生き方を学んだ人は少なくないと思うが、同じ古代メキシコの「トルテック」の智恵に基づいて、より簡明に、より力強く、真の自由と幸福をもたらす、四つの合意（自分との！）を説明している本です。自分の中でよき意志力を形成することが、わたしも人生で大切と思うが、この四つの約束ならたしかにうまくいきそうだ。ふたつだけここでいうと、正しい言葉を使うこと、なにごとも個人的にとらないこと。な〜るほど。ロングセラーです。若い友人へのプレゼントにもいいです。（ゆ）

運命のサイン
望みをかなえる5つの手がかり

著／アンジェレス・アライエン　訳／金田広志
発行／ワニブックス　1280円+税

71▼
古代から世界中のシンボルとして伝承されてきた五つの図形（円、四角、十字、三角、らせん）の好みの順番で自分のこころの方向性がわかるというもの。すごいです。ほんとにぴったり。当たった。こころがどんな変化のプロセスの途中にあるのか確認できます。自分にとって一番重要なシンボルの表わす事柄を理解し変化のプロセスに専念することは自身の才能を正しく使うことにつながります。各図形の説明の中に記されてある世界中の賢者の言葉や小さな物語も勇気をくれます。「宇宙ゼリーの上でダンス」の話はわたしのお気に入り。自分の場所で正しくダンスすることはその人そのもののリズムとステップの発見です。（ま）

［魂からの癒し］チャクラ・ヒーリング

著／ブレンダ・デーヴィス　訳／三木直子
発行／徳間書店　1900円+税

72▼ 原題「レインボージャーニー」。七つのチャクラの旅は人生の成長を物語る自己のこころの旅です。ひとつひとつのチャクラを丁寧に視てゆくことで自身を癒し、勇気づけ、生きてゆくことを前向きにします。印象的だったのはソーラープレクサスチャクラ。人生の夢を実現するパワーの源で、すべてのチャクラの発電所。迷ったり元気がなくなったらここにきてエクササイズをやってみよう。自分のエネルギーの使い方を確かめよう。作者はやわらかなやさしさをもつ英国人精神科医でヒーラー。訳者の三木さんはブレンダのワークショップに参加した人で日本語に力があります。治療者のガイドブックとしても素晴らしい内容です。（ま）

すべてがうまくいく「やすらぎ」の言葉

著／ルイーズ・L・ヘイ　監修・訳／水澤都加佐
発行／PHP研究所　1300円+税

73

この本も静かに長ぁ～く売れています。言葉の力はすごいです。否定的な言葉も、肯定的な言葉も、じつは力があります。じくじく悩むのはやめて、まず自分を愛する言葉をかけましょう。後半は、いろいろな病気に対する言葉が載っています。人間の病気はほとんど怒りや恐怖から生まれていることがわかります。著者は、自分のガンを自分の言葉で治した！人です。後半のこの人の半生物語は苦労の連続で泣けてきます。こういう人だからこそ米国でニューエイジのリーダーになったのでしょうね。（ゆ）

2 0 0 3 6

このごろ、自分が赤ちゃんみたいに無知だなあ、と思うことが多い。歴史を何も知らないことだ。日本のからだの文化についても、仏教そのものに対しても、世界のさまざまな歴史、文化に関しても。本屋さんなのに、である。いつまでも入り口にいてどうする。若くて生意気だったころ、自分がバカだと知ってショックだった以来。そんなに今回はショックというのと違うけど、でもこのボディブローはきついかも。

言い訳はいろいろある。忙しい、など。でも、パエロ・コエーリョのいう「良き戦い」を怠けているのだけは、わかった。戦うには、力がいるので、どうしたらその力を得られるか、考えた。まず、世界の動向のバカバカしさを笑い飛ばすこと。そこで、戦争映画を観ることにした。ユーゴの内戦を描いた「ノー・マンズ・ランド」、パレスチナの「D.I.」、中国の日本人捕虜を描いた「鬼子来了（鬼が来た）」などである。つまらないロマンス中心の戦争モノも、とりあえず歴史の勉強にはなるので、観ている。ダライラマの憂鬱のかけらもない、実際的なところもまねできるなら（恐れ多いけど）、してみよう。

書いててどきどきしてきた。ゆ、大丈夫？　でも、まあ前へ進もう。仏教のこともそうだ。とても関心が深いのだが、まだ入り口だ。日本という国で、仏教徒になりたいのだが、どうしていいかわからない。身体の繊細なたちふるまい、仕草など、失われた文化を学びたいのだが、それもよくわからない。自分の世代でぶったぎって平気だったものに対して、復讐されている感じ。だから、赤ちゃん、むむむ、である。まあ、これも自分がなにか、よ〜く考えていくことにつながっていけば、そして時代の制約をひとつひとつはずしていければ、よしとせねばな。先は長い。

2003 7・8

父が入院した。もう何度目だろう。お腹の調子が悪くて入院したのに、「心不全」という病名がつき、心臓にペースメーカーを入れることになった。父は元エンジニアで、西洋医療を信奉しているので、他に選択肢はなかった。手術の翌日見舞いにいくと、さらにやせていたが、でも幸せそうであった。局所麻酔だったが、途中で眠ってしまい、気づくと病室、「あ、生きてる」と思ったそうである。

父の左目のまわりが殴られたあとのように青黒くなっているので、一瞬、頭の手術をして血が下がってきたのかと思ったが、これは入院の日、病室のトイレで転んでおでこを打ったあとの「よくなるサイン」だそうだ。それで父は傷害保険に入っていたことを思い出し、「その金でママと旅行にいける……」ととらぬたぬきの皮算用、うれしそうに笑っている。わたしと母はその明るい生きる意欲に呆れるばかりである。わたしなどは(若いせいだろうか)どうせ負け戦なのに……、死に抗うのはやめよう、などと観念的だな。父は日系二世(昔の帰国子女)なので、母は「アメリカ人は違うわ」と変に感心している。

思えば理解しにくい父であった。働き者でエゴイストで。好きでない時期が長かったが、でも考えてみれば父のことをなにも知らないのであった。どんな子どもだったか、どんな若者だったか、わたしが知っているのは、中年以降の、家庭での側面でしかない。変な男である。お化けのような、ひょうひょうとした面もある。わたしの中の変なところや、タフなところは、彼からの遺伝だろうか? よくわからないが、わたしがあるのは、彼がいたからだ!とくらくらする。母はまだわかりやすいのだが。他の女の人たちに聞いてみたい。お父さんとは仲がよかった? お父さんのこと、どのくらいわかっている? わたしは知らないことだらけなのを、また感じている。

2 0 0 3 9

台風の日は好き。雲が南から北へとても早く動く。風は湿気をはらんで、こんな西荻の山の手に住んでいても、海の匂いがするようだ。雨が降り出す前、犬とふたりでベランダに出て、空や風や気の動きもみるともなしにみていると、とつぜん、「お母さんがやってくる」というフレーズが浮かんだ。そうだ。わたしたちのお母さんがやってくるのだ。古い古い昔から、風に乗って。ああ、なんて幸せ、お母さんに会えるなんて、と思い、犬を撫でる。犬にも「わたしたちのお母さんがくるよ」と教えてあげる。あまり関心はなさそうだけど、とりあえずわたしのそばにはいてくれる。それに家々！　雨風にびくともしない家々は何だろう？と思ったら、「お父さん！」の声がした。そうだ、わたしたち子どもを必死で守ってくれるお父さん！　こんなにこんなに守られて……。生きるってことはスゴイな～、とリスペクトのこころが湧いてくる。ばら色の人生を生きたいと思っていたが、すでにずっとそうなのだった……。いろんなことがありすぎるくらいにあるけど、それでも自由はいつでもすぐそばにあるのだった。生きてる不安や問題をすべて吹き飛ばしてくれる台風の日、わたしはお母さんでもお父さんでも子どもでもあるのだった。

2003 10

秋が来た。なんとも空気がきれいで、きもちいい日が続く。店の中の日差しもなんだか柔らかく、ちょっぴりはかない感じ。暑くて本なんかとても読めない、と思っていたのが、静かに本をとりたくなる。何人かで本屋に遊びに来て、賑やかに本選び、そのうち、ひとりずつ黙って本を読んでる、そういうたのしい風景（本屋にとってはね）が前より多くなった。ああ、このごろは、本を読むって、ほんとにぜいたくなことだ、と思う。だって、たったひとり、手紙を読んでいるようなものだよ。著者からの長い長い手紙を。書くべき人が書いて、読むべき人が読むのが理想だけどさ。そうもいかない出版事情はともかく、書店員とはそういうことの手助けができればいいなあ、と思っている地味な、でも少しいたずら好きの、人たちなんであります。

「本は唖のひと」、「本はたったひとりのために存在する」、「本はすべてを受け入れる」、「本はどんな人間をも拒否しない」（詩人　河村悟）。ますます、本が贅沢品になりますように。ぜいたくはすてき。

2003 11

ニチャン・リンポチェ

青空の溶け入った大海原に抱かれるこの国
大地はサファイアの宝石の色に輝く龍の姿
いまにも天に昇らんとするその首には

ニチャン・リンポチェ
日本在住のチベット仏教ニンマ派の高僧。そのユーモアと人柄で、たくさんの人に慕われている。

やんごとなき富士の女神がおわしまし
朝な夕なに照り映える美しさ
山々にも渓谷にもこのうえなく麗しき花々
四季折々咲きほころぶゆえに
災いをこうむることはない

前世の善き業によって
　この地に生まれた人々
このたぐいまれな幸せをよろこび
　しかるのち
よき行ないを積むように勤められよ

梅野泉

ヒマラヤの白き峯々に囲まれ
観音の真言オンマニペメフンフリー
天より降り注ぐ雪の国チベット
連なる山々の雪どけ水　滝となって大地潤し

梅野泉
詩人、ダンサー。ほびっと村学校では、リンポチェとの対談や、「よみびとの会」というクラスで、本を声にだして読む、ということをしている。

一面花咲く行者村キドゥンに
女神マドゥンの祝福浴びて生れしリンポチェ
青き湖、
岩山の洞に埋蔵されし仏法の宝を
グル・リンポチェの純粋な法のままに
偉大なる師たちより受け継がれ
日本の大地、眠る龍の五色の体内に注がれん
エマホ！　法の灯に無明の闇照らしだされ
現実という夢の戯れから醒めしとき
内もなく外もなく我もなく他者もなく
ただ光あるのみ
その青空の輝きにも似た虚空に
自ずとひびくひびきあり
ああその日、富士の女神の祝福受けて
ドラゴンの子供たち
虹となって青空にとけいらん
ハッキャロー

一〇月一二日の「仏教と私」ダルマトークライブについていろいろ書きたかったのですが、おふたりの詩がすべてをあらわしている気がして、余計なことは省きました。こんな小さな欄にしか載せられなかったのが残念ですが、参加なさらなかった方にもそのエッセンスをお分けしたいと思いました。ああ、そうです、事前にリンポチェに詩をお願いしたとき、テーマは「平和」だったのです。

2003 12・2004 1

いつも月末はかわら版の編集やら印刷やらで忙しいが、でも紅葉のシーズンだっ！　一日ぽっかり空いたので、高尾山に行ってみた。平日なのに、混んでた。小柄なわたしより背の低いじじばばでいっぱいであった。父の病気のことを思い、父母がハイキングをするような人たちであったらなあ、と思ったりした。山頂にいたるまでは人でいっぱいであったが、少し道を外れると、もうとたんに人がいなくなるのが不思議。たまに会うのは、ちょっと奇特な人たち、山の気配を楽しんでいる人たちだ。陣馬山にまわる道や、メーンコースでない高尾山周辺の道は、ほんとに静かだった。紅葉はもう最後だろう。一本みごとなもみじをみつけた。あまりゴージャスできれいだったので、その下に寝そべってみあげてみた。冬の曇り空の下、枝ぶりの細かさ、さまざまな赤のもみじ葉のかさなりぐあい、隣の裸の木のこまやかな枝分かれ、ほんとに陶然とする美しさだった。今度は母の手を思い出した。小さな、しわしわの、葉脈のような、レースのような母の手。それがイメージの中でどんどん大きくなって、もみじの枝や隣の裸の木の枝に重なっていくのだった。白い曇り空の下、もうひとつ生きた淡紅色を重ねていく。わあー い、と思っていると、今度は自分の血管が脈打ってきた。わたしも枝と同じものでできているのかもしれない……。

帰り道、茶店でうどんと豆腐と紅芋ようかんを買った(うむ、わたしは食いしんぼ)。きょうあたり食べてみようかな、どうしようかな。まず豆腐から、いくかなあ。

2004 2・3

ここ一カ月は、コンピューター漬けの日々だった。古いマックがいかれてきたので、とうとう年末にOS10.3の新マックを買ったのである。慣れるのに、一カ月はかかった。データも移さなければいけないし、これまでできたこと(スキャンなど)が再びできるようになるまで、大変な思いをした。こんな未完成品を高い金で売りつけて!コンピューター業界はまったくひどい!とか、なんども爆発しそうになった。だが、ユニバーサルリフレクソロジーの講師の木田雅子さんのひとことが効いた。「コンピューターは生命体に似ている」というのである。「人間に似ている」とも。あー、そうか、いらいらせずに、根気よくつきあう以外にないのだな。

とはいえ、わたしも生身のからだ、コンピューターとずっと向き合っていると、からだはばりばりになる。気分転換が必要である。で、わたしがここ一カ月並行してやっていたのが、酵母づくり、パンづくり。りんごや、トマトや、レーズン、みかんなどを細かくして水をちょっと入れ密封する。一週間たつと、酵母菌のできあがり、それを小麦粉でこねてパンにして焼く。うまいぞ！　それに案外簡単だ。もうこのごろは、野菜果物をみるとこれも酵母にならないかしら?と思ってしまう。今は、にんじん、かぼちゃ酵母に挑戦中。生活がさらに忙しくなっているような気もするのが難点だが、このたのしさはやめられない。コンピューターともこのように仲よくできたらいいのになぁ。

2004・4・5

私の夢。
殺し合いなし。殴り合いならオーケー。
陰湿なイジメなし。明るいイタズラ、大賛成。

形骸化した形式主義なし、マニュアルもなし。
本心からの礼儀と乱暴ならあり。

うまく互いを理解できなかったら?
距離を保つこと!

ホントにあからさまに野蛮な時代に逆行しているので
公正の感覚はどんどん失われているので
せめていずまいを正して、微笑む

分るひとは分るだろう
そういうひとは実はいっぱいいる

バスがすれ違う時　運転手同士が黙って手をあげて会釈する
時には笑って声をかけあうように

ジョージ・オキーフと庭師エスティベンが井戸の蓋の上に
まるでチェスのように、ゆっくり一日ひとつずつ

黙って石をおきあったように

笑ったり微笑んだりまた黙ったり

そんなすてきなことをしよう
余計なことを言わず、自分のことをしよう

人間が美しい存在になるように
黙っていよう泣いていよう笑っていよう
人間の暮らしをしよう

2004 6・7

夢のような三日間だった。ひさしぶりに家族共同で見た夢。父が死んだのだ。早朝で誰ひとり臨終に間に合わなかったので、最後に病院に来た妹が「パパは公平だね」とつぶやいた。母は激しく泣き崩れる。病理解剖を提案され、最後くらいノーをいってもいいだろうと断った。搬送車で病院から出るとき、看護婦さんが一列に並んでいた。医師が来るから待っててくれといわれ、待っているとあらわれたのはそうじのおじさん。なんだか、すごく、おかしい。

医師はあとから汗をふきふき走ってきた。みなに丁寧にあいさつされ、家に向かう。車の中では、父の遺体と、妹とわたし、運転手、今度は終止無言。家につき、父を和室に寝かせ、次は葬儀屋とのあわただしい打ち合わせ、会場と日程が決まる。お坊さんが来て読経、父の友人が来たり、そのたびに家族の誰かが泣く。

翌日の通夜と翌々日の寺での葬儀は、親戚の交流の場だった。ぜんたいに笑いが多く、小さいころ誰がどうだったとか、父の知らない話もでた。父の友人や近所の人は長居しないので、どうしても親戚の祝祭?のようになる。苦手だったそうした交流も、積極的に関わっている自分に気づく。ときどきぼんやりする。あまりにも目まぐるしいせいだ。また車で移動、斎場で父が焼かれる間は、ひとりで外に出てタバコを吸った。広い斎場では、別の葬式の別のおじさんがタバコを吸っている。お骨になった父を抱き、寺に戻る。繰りあげ初七日の法要があり、兄のスピーチに感心し、お弁当を食べて散会となった。ひとりになった母が心配で、兄や妹が引き上げたので、わたしがその夜は父のベッドで眠った。

終わってみると、わりにあわない思いが残る。死が、あまりにも圧倒的なのと、現実問題の処理の細かさが並行してすすむ。滑稽で、悲しく、でも親族の交流があり、やはりお祭りのようだ。ひさしぶりに兄妹力をあわせてたのしくもあった。へんなの。浮わついたようなきもち、沈んだきもちもあり、そのうち落ちついてくるのだろうか。父がどこにもいないのが、ただただ不思議。生きているより、近い感じすらする。わたしが悲しむのは、まだ先なのだろうか。

2004 8・9

赤瀬川原平のエッセイで、自動のブラインドを新しく自分の部屋に入れた話があった。左右のブラインドの巻き戻しの速度が違うので、毎日ずらしてスイッチを押してみていたが、どうもずれる。ある日の朝、寝ぼけたままやってみたらピタっとあった。すごい、と思った。というのが、いやに印象に残っている。

整体の稽古で、からだの中を内観しながら、左右のずれを微調整するのを最近やったのだが、わたしはまず、左右どちらが遅れるのかわからないのだ。だいたい左右を、いつも取り違える。どっちを右と呼んだか、時としてわからなくなる。お箸をもつのが右、と小さいころ習ったが、それでも覚えきれなかった感がある。もちろん、日常生活では左右どちらかはわかっている。車も右折、左折もできる。だが、自分のからだの中の感覚としては、どうもわからなくなりがちなのだ。ダンスを教える人で、次は右足を、とか左手を、と平気で次々という先生がいるが、よくいえるなぁといつも驚嘆する。なにか新しいものを習うときはいつもたいへんだ。からだと言葉がさす場所がなんだかしっくりこないのだ。それでまごまごして、よけいにできない！と思いがちになる。言葉にこだわらないと、わりとうまくいくのだが。

カスタネダの本の中で、左側の教えだったか、をとつぜん右側（常識の世界）で思い出す、というのがあった。中庭のある家で逆さまに吊られていたことを思い出したのだったかなぁ。あ、右脳、左脳でいうと、左は論理、右は非論理の世界だったよね？　ほら、また取り違えた。わざとか？と思う程の間違いだが、わざとではない。

思うに、言葉は遅い、のだ。とくに説明的言葉は。本屋としては、そういう言葉じゃない本を置きたいと思うが、なかなかない。でもうちのロングセラーは、みんなそうしたいい本なのは、買う人もすごいよ、とオチがでたところで。

2004 10・11

正宗太極拳の大友さんの主宰する、くにうみまつりに出店した。いろいろな人との出会いがありたのしかったが、シンポジウムの最後の、若い男の子の発言がなんだかこころに残った。いわく、家の中で玄米派とそうじゃない派があってうまくいかない、というのではなく、じゃあ五穀を入れて炊いてみようとかいろいろ工夫して、家族とうまくつきあっていくのが、平和ということではないか?

その翌朝、夢をみた。夢の中では、個人と伝統の問題をいっきに解決できる〝戸籍〟のやり方が発見され、そしてそれを生きて、みんなで幸せに暮らしているのだった。夢から覚めても、何も大きな問題がない、幸せの感覚はまだわたしの中に残っていた。

夢の中では、個人は家の伝統に押しつぶされることなく、成人もしくは婚姻によって、自分の新しい戸籍をつくるのだ。たとえばA家の次女として生まれて、自分が成人したと感じたとき、新しい戸籍をつくる。それはA'家でもいいし、まったく新しいB家でもいいのである。ただ、戸籍謄本には、父と母の名前は備考欄に記載されており、また過去帳もあって、その人の系譜が辿れるだけ書いてある。つまり、自分が今ここにいることを祝福できるように、また先祖を敬えるようにである。ただ同時に、個人としても魂としても尊重されているので、成人の儀式として新しい戸籍をつくるのがルールという社会。そしてそれは年齢制限なしの自己申告制なのだ! つまり一生子どもでいたければいられるのだが、なんとなくそれは尊ばれないので、自然にみな成人の道を選ぶようになる……。

この幸せの感覚はなんだろう、と思った。子どもを自然にかわいがる社会を取り戻したいのかも？　大人になることの自由さ、責任感とやりがい、そんなものをもっと自然に、身につけたい。そんな願いを生きていたのだから。父が死んで、わたしもとうとう大人になれたのかもしれない。西荻ネイティブの道でいいのだ、と深く感じた夢だった。

2004 12・2005 1

ブッシュが勝って二週間。なんとも嫌な気分が続いた。自分のつっぱりやら、不甲斐なさにもうんざりだった。それで、ある夜、無意識にはもう泣きたいと思っていたのだろう。ベッドに入って、本を読んでいたら、ぐわっと涙がでてきた。自分が幸せなんだか、情けないんだか、わからない涙だった。本を横において、なんの気なしに、胸に手をおいた。しばらくそのまま、泣いていた。気がつくと、その両手が、胸の中に入っていくようなのだ。手が胸から離れない、どうにもくっついているみたいに、ずんずん、中へ入ってゆく。胸がものすごく柔らかくなっているのだ！　あせった。整体の治療でそういうことはある、と話には聞いていたが、自分の手も自分ではないし、自分の胸ももう自分の胸ではないみたい。なにか不思議なことが起こっていた。両手とも離れそうにない。力づくでやればできそうな気もしたが、もったいない、ずっとこのままでいよう、と思った。何センチも胸の中に沈んだような手のまま、手と胸の区別もつきにくいまま、それをただ味わった。つまらない考えも浮かんできたが、それはまた消えて行った。三〇分くらい？そのままだった。そして少し姿勢を変えたら、手は離れていった。

翌日から勇気元気一〇〇倍、ということはなかった。でも一・五倍くらいにはなったかな。少し冷静になれたというか。この時代を生きていくには、勇気がいる。たのしく、平和に暮らしていきたいのに、そうじゃなさすぎるから。でも自分の涙でさえ、きっとなにかの役にはたつのだ。泣けばいい、悲しいなら。そうやって泣いてるほうが、無関心の鎧を着ているよりはずっと人間的だ。すさむ側より、泣く側になりたい。そのほうがまだ癒されてある。泣く側が多くなればいいのである。

補記：これを書いた翌日、選挙の結果を憂いているアメリカ人のサイト、“Sorry Everybody (www.sorryeverybody.com)”を友人が教えてくれた。みんな行ってみてね。

2005 2・3

いつも仕入れは、水道橋の日販（もうすぐ葛西に引っ越すが）と、神保町の小さな取次をまわる。きょうは、日販にて支払いのとき、現金を入れた封筒をひょいとみると、カラ。ものすごくあせった。さっきまであったのに。

明日は鏡リュウジさんが来る日だから、占星術関係の本をきょう買わないと、売り損なう。銀行へ行くべきか？　いや、その前に探そう。日販中を探しまわり、ない。いつも日販で会う、顔は何度もみかけるものの、話をしたことがない本屋さんたちを疑ってしまった。あの人か？　いやこの人がまさか？不況だしな、などと余計なことも考える。けっきょく、あったのだが。バッグの中の別の現金の封筒に本の**スリップ**をつっこんであったので金がみえなかったのだ。でも、この間の疑心暗鬼はすごかった。ひとり静かにこころの中で騒いでいたので、受付のお姉さんが心配してくれた他は、誰にも迷惑はかけなかったのだが。でも、日販を出てつくづく思った。もう、自分のことを信用しないようにしよう。自分の考えはこの程度なのだ。異常に疲れた。

昔、「羅生門」という黒沢の映画があったそうな。わたしは観てないが、ひとつの事件を巡り体験した人の意見が全員違っていて、どれが真実かわからない……というところがおもしろかったとか。そうだよな、と思った。たったひとりでもこの騒ぎだ、妄想だ。何人もからんでいたら、事態は複雑になるばかり。ああ、でも本のスリップをつっこんだときになんらかの自覚があれば、こんなふうにはならない。自分の行為への自覚が足りないのだ。まだら自覚だな。まだらぼけかもしれないが。え〜〜い、こんなめんどくさいことくどくど書いて、なにが楽しいのだ！　喝っ！

スリップ
書店に並ぶ本に挟んである、本の情報が書き込まれたしおりのようなもの。書店では補充注文などに利用する。

2005 2・3

時代のせいか年のせいかわからぬが、さいきん孤独をひじょうに感じる。人に会ってもつながっている感じが希薄だ。いわば沙漠の花のようなのだ。その花は美しくてちょっとのあいだはみとれるが、やがて両手から砂がこぼれていき、あとかたもない。どうもすべてにリアリティを感じにくいのだ。

オーストラリアの友人から、アボリジニの人たちが作ったという、〝涙の石〟のお守りをもらった。ひじょうに薄い小さな石で、へびのような文様が描いてある。その友人によれば、泉が地から湧くように涙ははじめて外に出るので、ひじょうに聖なるものであるという（なんてすてきな考え方だ！）。泣いたとき、その石でこすって、自分の涙を集める。そのためた涙によって石が今度は自分を守ってくれる。すごくありがたくて大切にしていたが、スリランカの津波で生死を分けた体験をした友人がいて、わたしより必要だと思いあげてしまった。

ずいぶん泣いていない。うるうるはあっても、声をあげて泣くことなどない。自分で石を拾って自分で涙の石を作ったほうがいいな、と感じている。希望がなくかさかさの時代を生き延びるには、わたしひとりでなく、みんなで泣いたほうがいいのかもしれない。

2005 6・7

かくれみのという植物。庭木によく植えられているウコギ科の植物だが、これにかぶれるとは思わなかった。地味にずっと家の庭の端にあって、ある日、ベランダにでていた時、日がもう少しこっちに当たった方がいいなと思い、この木を少し切ろうと思った。ばっさばっさと切り、でも今年新しくでた葉がかわいい。それを家に活け、ついでに店にも活けた。その日は他にも姫リンゴの木の虫をやっつける為に木酢液を散布し、今年は豊作の梅の実を拾い（梅酒をつくるのだ）、なんと充実した日だったろう。でもそれからなんだか手が痒い。ついでに顔にも湿疹がでた。最初は、うう、植物か虫の逆襲だ、と冗談を言っていたのだが、とうとうお岩さん状態となり、いろいろ知る限りの手当をしたがどうにもならず、ついに医者に行った。そこで、「気をつける植物」ポスターの四番目に載っていたのだ。ステロイド剤が処方された。今はおとなしく塗り薬と飲用薬のお世話になっている。どうもふさがれている感覚があるが、ともかくどうしようもない痒さはなくなった。人に話すと、みんな自分の手当法を教えてくれる。ありがたい。整体の人は、恥骨に愉気しなさい、肝臓と化膿活点も大切。山歩きの人は、アロエがいいよ。わたしもアロマオイルや、つわぶきなどは試したのだ。化膿活点は忘れていたが。

ああ、でもどうしたことだろうかねぇ、スピリチュアルには？　かくれみの、だぞ。切ったとたんにやられるなんて。対処療法を探しながら、本当はそこらへんが知りたかった。今夜あたり、この季節のわたしの居間であるベランダにでて、おずおずと植物に聞いてみようかな。

補記：このあともう一回実はかぶれたのだが、今度はステロイドを使わずに乗り切ることができた。化膿活点（二の腕のまんなかあたり）と、かぶれている箇所を内観してみたのだ。今度はそれほどお岩さんにはならず、しかも脱皮のように皮膚が剥けて、あとからきれいな皮膚が生えてきたので、感動しました。

2005 8・9

おかあさん　どこがどうして　話してみて
おとうさん　にやっと天から　守ってて
娘たち　はれやかな日々を　まっとうし
友人たち　おのずと力を　ひらかせて
小さき日々よ　大きないのちよ
わたしのなかのいちばん美しいものに
会えますように

親不孝についてぼんやり考える。じゅんばんこ、が一番の親孝行と思ってた。自分の子どもをかわいがれば、それでいいじゃないか。無理に親孝行しなくてもいいのだって。友人の義理のお姉さんがガンで亡くなったのだ。その人は、自分の息子を交通事故で亡くしている。親（もう八〇代だ）は、まだふたりとも元気なのに。まったく逆の順番だ。孫、子を亡くした老親。

そんなことをきのう聞いたせいだろう。小さいころの娘たちが夢にでてきた。今より賢そうなのだ（ごめん！）。小さい子は余計なことをいわないし、いえないせいだろう。ただただ、かわいかった。子どもの保育園時代の友人の家に遊びにいったわたしを捜しにきて、横で眠ってしまったのだ。わたしもいっしょに眠ってしまい（夢の中でも眠れるのだ……）、起きて、あぁ、かけてあるものが薄すぎたな、とちょっと反省する夢だった。

先の友人と話したことがある。彼女の息子は親を尊敬しているのだ。わたしの娘たちもある意味でそうだ。だが、わたしたちの世代はどうだろう。反発ばかりして、賢くなかったのではないか。若いエネルギーはあったかもしれないが、無知そのものではなかったか。自分がここにいる、という幸福を、その因果を、今はそのじゅんばんこのおかげで、少しは知ったのかもしれない。おとうさん、わたしは親不孝ではないよね？

2005 10・11

今、『ナワプラサードが選ぶ一〇〇冊の本』という本を作ろうとしている。そこでいろいろな本を選んだのだが、お金の本のところに来て、はたと困った。よい本がないのだ。お金について、ニューエイジでは、エネルギーのひとつとして考えて、嫌うな、というのが姿勢だ。五年くらい前だったか、本屋の経営に悩んだ時、自己催眠でお金の神さまに会いにいってみたことがあった。わたしの場合は、なんと会ってみたら、ジョンとヨーコだったので、びっくりだった。けっきょくは自分を大切に、というアドヴァイスだったように思うが、(なにしろ催眠なのであまり覚えていない)、目が覚めてから、あっ、あの金があった、と忘れていた金を思い出したのだった。

現代は中流意識がなくなって、金持ちと貧乏人の格差がひどくなっている。うちの若いスタッフはこういう。「お金がないと、不幸なきもちになる。これは何?　一円でもゴミ箱に捨てられない。これは何?　物や人さえも捨てられるのに、さいごまでお金は捨てない。これって何??」。ほんとに何!?だよね。そんなに大切なものなのか。必要なのか。地獄の沙汰も金次第、といわれるものなのか、金があればある程度の幸せは買えるものなのか。人の間をぐるぐる廻っているという点では、まったくエネルギーではあるのだが。だけど、こんなに翻弄されていいものか。

赤瀬川原平の半分絵本『ふしぎなお金』(毎日新聞社、p182参照)を読むと、彼も同じように疑問をたくさんもっていることがわかった。わからないものを考えるのは哲学だ、という。だけど、哲学的にお金を考察したいわけではない、振り回されたくないだけなのだ。なくても平気になりたい。みなさんはどうしてますか?

2005 12・2006 1

待つこと。このことを最初に知ったのは、初めての出産だった。破水から生まれるまで五時間という早いお産だったが、母やら当時の夫やら、大勢で押し掛けた今はなき三森助産院で、わたしを含めて、みんな興奮したり気が気じゃなかった。でも、助産婦の三森孔子さんは、ラマーズ呼吸法でふぅふぅいっているわたしの横で、みかんをむき、ゆっくり食べ、しかもわたしに「食べる?」と聞いたのだった。女の人のサンクチュアリだった当時の三森助産院。助産婦は法律的に切開と縫合の医療行為を行うことができないので、肛門を押えながら、会陰が切れないように上手に待つことが技術だ、と後で聞いた。わたしは、待つことの内容を、みかんを差し出されたときに、知ったのだった。

きのう若いお母さんと赤ちゃんが店に来た。その人と話していたら、もう一つのエピソードを思い出した。ソギャル・リンポチェ（講談社『チベットの生と死の書』の著者・高僧）が一年前に日本にいらして、うちのスタッフが参加した会でのこと。赤ちゃんを連れてきていた人がいた。その子が泣くので、参加者から、お話がよく聞こえないんですとクレームがでた。間髪を入れず、リンポチェと通訳のペマ・ギャルポ氏が「そんなことは問題ではない！」と同時におっしゃったそうだ。そうだよな。そんなことは問題ではぜんぜんないのだ。

待つことは、たのしいってなればいいなぁ。スローライフという和製英語がはやっているけど、そんなこと当たり前の世の中がいいなぁ。もっとゆるやかに、自由。そう、緩急自在がいちばん大切なのではないのかなぁ。

2006 2・3

「わたしはルーツ文化ではなく、クレオール文化だ」と必死で誰かに説明する夢をさいきんみた。クレオールというのは、たしかフランス植民地文化であるから、わたしの出自（父が日系二世）からすると関係ないのだが、ともかく混ざっていることをいいたかったのであろう。お相撲をみていても、つい モンゴル出身の朝青龍やブルガリア出身の琴欧州などに目がいき、今回はそのふたりの闘いになるといわれていたのに、結果は、日本の栃東の優勝であった。ふつうみんな喜ぶところだが、わたしは少しがっかりした。栃東はコツコツ努力型のおすもうさんで、べつに嫌いではないのにね。でもモンゴルやら東欧やらの力士はもうわたしには〝外人〟にみえないのである。いろんな地方の人たちがそれぞれいろんな事情で来日し、ガンバっているように思えるのだ。

四〇〇年前、日本は戦国時代だった。今の言葉なら、内戦、である。また明治維新の際にも戦争があった。今は、隣の県の人と、銃や剣で闘うことを想像することもできない。あと何百年か経ったら、世界中の人と、そうなるといいな、と思う。でも同時に、自分の文化を誇る人たちに対する敬意ももたねばな、と思う。世界の原理主義の人達は、自分の文化が侵略されるのが嫌なのだろう。そのいや、というきもちは、わかったほうがいい。混ざるときもちいい、おもしろい、というのもきっと一方的だからだ。なにごともリスペクトだな、いちばんできてないことだけども……。相手というより、いのちに対してなら、できるかな……。

NAWA PRASAD'S RECOMMENDED 100

CATEGORY

この世とあの世の風通し
精神科医・加藤清は語る

著／加藤清　聞き手／上野圭一　発行／春秋社　1890円+税

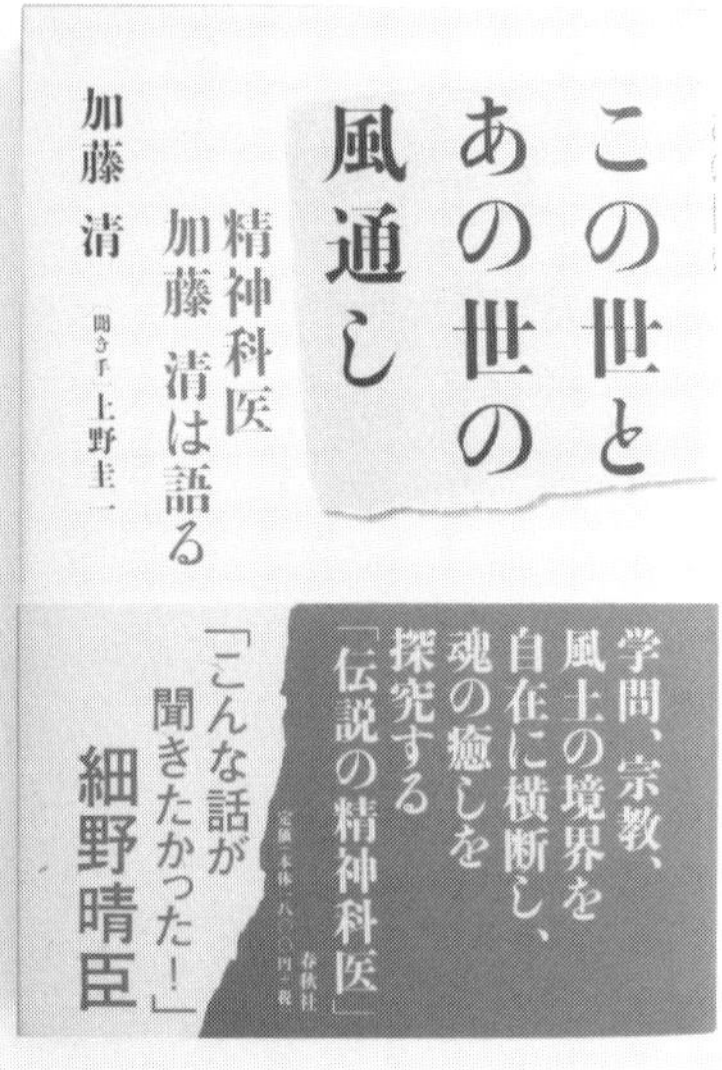

74▼

待望の復刊です。伝説の精神科医とありますが、私にとっては日本の長老(現在八五歳)です。こういう人がいる、と思うだけで勇気が出る。九八年の初版ではサイケデリクスを使った治療や、霊能者との協同治療にすごいなぁと思ったが、今回感じたのは、小さい頃身体が弱かったので、おばあさんのところで転地療養していた頃の厠《かわや》の火事の話。死んだおじいさんがおばあさんの夢枕に出てきて起こしてくれたので、大事にいたらなかったとか。それで守ってくれる人がいるんだなぁ、あの世とこの世はツーカーなんだな、と。リアリティの深さを感じました。療者には特に読んでほしい本です。(ゆ)

アイヌお産ばあちゃんのウパシクマ
伝承の知恵の記録

述／青木愛子　記録／長井博　発行／樹心社
2000円+税

75▼

「赤ちゃんは喜びながら生まれてくる」。アイヌコタンで産婆の家系に生まれ、代々受け継がれてきたイコンカル（助産術）で赤ちゃんをとりあげてきた故青木愛子さんの言葉だ。お産は怖い、痛いという先入観があったが、読み進むうちに今までベールに包まれていたお産本来の姿がみえてきて、痛いのだろうなというきもちはまだ多少あるものの怖さは薄れ、子どもを産むすごさを改めて知った。逆子に対する技術や蘇生術も写真入りで解説されている。癒術師として薬草、整体、千里眼などを使って人々の治療を行っていた愛子さんのお話も興味深い。生を受ける喜び、大切さを思い出させてくれるウパシクマ（伝承）の本。（結）

なわとび

絵／長新太　発行／トムズボックス　1200円+税

76▼

吉祥寺の絵本屋さん、トムズボックスの本を仕入れました。昔、土方巽という舞踏家がいましたが、その人が「幽霊のなわとびっ！」と号令をかけたら女性のダンサーが必死で中腰《ちゅうごし》でなわとびをはじめる姿を、関係ないけど思い出します。なわとびと格闘する鼻の大きなおじさんの本です。縄はどうでもなんとでも形を変え、ますますわけがわからなくなるナンセンス絵本です。でも妙に元気がでる本です。天才はやはりみんなの財産、だったのです。長新太さんは、二〇〇五年六月に亡くなられたとのこと、哀悼の意を表します。（ゆ）

沖縄の神さまから贈られた言葉

著／照屋林助　構成／藤田正
発行／晶文社　1600円+税

77▼ この国の長老って誰だろう、なんだか自分が手本にするような人っているんだろうか？という疑問を吹っ飛ばしてくれる、強力な本です。漫談家、沖縄ポップスの元祖（りんけんバンドのお父さん）、大人（たいじん）です。ウチナー式人生の書です。林助さんが子どもの頃、ターリー（尊敬する大人）から聞いた話もいいです。沖縄は昔蟻がいなかったので、中国から輸入しました。黒糖の甘さをはかるためです。で、船から蟻を下ろすと、毛のような細い糸で一匹一匹縛るのです、長いなが～いお話です。明日になっても終わりません……。（ゆ）

ヤポネシアの海辺から

対談／島尾ミホ、石牟礼道子　解説／前山光則
発行／弦書房　1800円+税

78▼

島尾敏雄の『死の棘』はわたしにとっては怖い話だった。ところが、石牟礼道子はそれを、おかしくてたまらない、と言うのだ。精神を病んだ妻のシットの物語を、だ。ヤポネシアの神話的自然のなかでは、すべてが美しくたのしい営みになるのだろうか。今の人たちとは時間の尺度がぜんぜん違う、言葉の美しさもまったく違う、ある意味でこわい女の人たちの対談です。九一年の対談ですが(出たのは二〇〇三年)、強力におすすめします。いのちの連綿とつづく祝福と、その美しさが失われていく哀惜が、行間から伝わってきます。(ゆ)

四又の百合

作／宮沢賢治　版画／たなかよしかず
発行／未知谷　1200円+税

79▼

「正偏知はあしたの朝七時ごろヒーキャムの河をお渡りになってこの町にいらっしゃるそうだ」。この魔法のような言葉が町の空気を一変する。人々はいそいそ清掃をはじめ、王は食事や精舎工作を命じ、大臣は森へ花をとりにいく。如来正偏知の徳は風のようにみなの胸に満ちるのだ……。思うに、徳のある人をまん中にすえた社会こそ、いい社会といえるのではないか。つむじ風のようにあっちこっちに吹かれる風が続けば、人々は疲労するのだ。やさしく穏やかな風のきもちよさをとりもどしたいね……。（ゆ）

ハリール・ジブラーンの詩

詩／ハリール・ジブラーン　訳／神谷美恵子
発行／角川書店　438円+税

80

▼ジブラーンはレバノン出身の詩人で、長くアメリカに暮らし、一九三一年に四八才で亡くなったことを、あとがきではじめて知りました。宗教心（リスペクトの心）ということを考えるとき、彼の詩を読みたくなります。カソリック・マロン派の出自ですが、あまりに反骨的だったため、同派を破門され、国外追放の憂き目にあったそうです。でもそんなことは詩には関係ないです。「予言者」という詩のシリーズで、子どもについて、という詩を読んだとき、自分の子どもたちが自分の子どもたちでないことをわたしは知ったのでした。（ゆ）

ルーミーの詩

未発売

81

▼ルーミーは一三世紀のスーフィー（イスラム教神秘派）の詩人です。一九七八年に岩波から井筒俊彦訳で『ルーミー語録』がでていたようですが、絶版です。でも、いつか日本で出版されることを待っています。ほんとに美しい詩で、英語でカレンダーがでているので、毎年それを家に飾っています。Every forest branch moves differently in the breeze, but as they sway, they connect at the roots……風が吹く、森の枝のひとつひとつが違うように動く、でも揺れるたび、根につながっていく。（へたな訳でごめんなさい！）（ゆ）

［自然農法］わら一本の革命

著／福岡正信　発行／春秋社　1200円+税

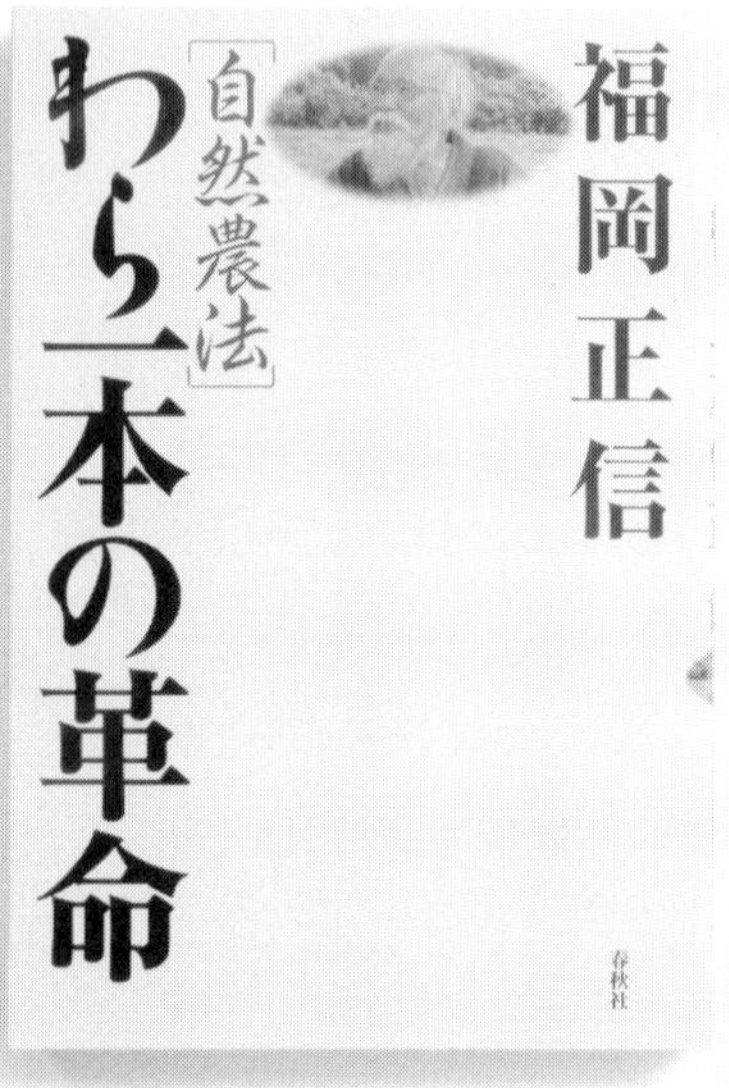

82▼

初版は七五年ですが、旧プラサード書店時代にたいへん売れました。耕さず、草もとらず、肥料もやらず、しかも多収穫！という今でも、いや今こそ、驚異的農法です。日本では福岡さんは一部の人にしか知られていませんが、フィリピンでマグサイサイ賞（アジアのノーベル賞といわれる）をとったり、また粘土団子をつくって砂漠にまいたりという活動で、世界に知られています。9・11の直後にほびっと村学校にも来てくれたときは、「あなたはどうするのだ」と参加者に厳しい問いかけをしたが、答えられる人はそのときいなかった。今なら、少し答えられるのだろうか、少しは知恵がついたのだろうか、わたしたちは？（ゆ）

ふみさんの自分で治す
草と野菜の常備薬

著／一条ふみ　発行／自然食通信社　1700円+税

83▼

これもいい本です。身近な草と野菜のことばに耳を傾けた、ふみさんのやさしい心意気が伝わってきます。ヨモギ、ツユ草、スギナ、ドクダミ、ユキノシタ、タンポポ、ビワなど、まわりにある草木の効用が書かれています。便利とひきかえに、ずるしているわたしたちですが、ほんの少し視点を変えれば豊かな世界がすぐそばにあるのです。ただ改訂新版のあとがきには、身近な野草をただ採取する危険性がちょっと書かれていて、野草を自家栽培する時代になったのかも、とちょっと心配。(ゆ)

木を植えましょう

Sustainability & Spirituality

著／正木高志　発行／南方新社　1000円+税

84

「若ものよ森にはいろう、そして木を植えよう、俗世間のことは俗世間に流されている人たちにまかせ、深い森の中で自分とはと問い続け木を植えよう。不安に支配されている老人たちよ、もうそろそろ自分を捨て森にはいろう、静かに深く息をし、木を植えよう、救いはその中に在る」といわんばかりの哲学書である。六〇年代インドへの旅で出会ったヴェーダ哲学を学んだ著者は帰国後、有機野菜の八百屋、生産農家となぜか僕らと同じ道を歩いてきた。「子供も自立したことだし、そんなにお金を使うこともないので、インドで学んだ人生後半の生き方をやってみようと思っている」とひさしぶりの再会での会話。（八百屋のナモ）

にっぽんたねとりハンドブック

著／プロジェクト「たねとり物語」
発行／現代書館　2000円+税

85

世の中に種ほどかわいくてふしぎなものがあるだろうか。植物の赤ちゃんだ。その種が生長して、花になり、実をつけ、そしてまた種をつくる。だが売られている種の多くは、その連鎖を断ち切られたタネだ。一代雑種（F1種子）、遺伝子組み換え（GM種子）、農薬、化学肥料など種をとりまく状況はあまりに厳しい。オーストラリア人のカップルが始めたシードセーバーズネットワーク、日本では「たねとりくらぶ」として花開いた。この本は、日本で広く栽培されてきた品目六四種のたねとり方法とおいしいレシピ、巻末にはたねとりくらぶの五八団体・個人のリストも。（ゆ）

はじめての三線
沖縄・宮古・八重山の民謡を弾く

著／漆畑文彦　発行／晩聲社　2000円+税

86 ▼沖縄のウタはいつ聴いてもいいです、すぐ踊りたくなっちゃいます。楽器も弾けたらたのしそうだなぁ。そこで、HOW TO PLAY三線（サンシン）！「沖縄・宮古・八重山の民謡を弾く」をサブタイトルに、明日には歌って踊れる待望の入門書です。いろいろくわしいよぉ。沖縄音楽のジャンル、よい三線、三線入手、楽器の手入れ、調弦、と続いて、実践編として一八曲！　楽譜（工工四、コウコウシィと読むのだ）付き。その間に楽しい話も満載、飽きさせない工夫もすごいです。（ゆ）

ドラム・マジック
リズム宇宙への旅

著／ミッキー・ハート　協力／ジェイ・スティーヴンス
訳／佐々木薫　発行／工作舎　2500円+税

87

▼音楽の魔法、グルーヴ。

リズムをきざむドラムには、どんな役割があったのだろう。伝説のカルトバンド、グレートフルデッドのドラマー、ミッキー・ハートのトランス漫遊記。父親の基礎式ドラム、砂漠でのパーティ、ナイジェリアのドラムマスターのオラトゥンジ、大神話学者ジョゼフ・キャンベル、チベットの霊的太鼓ダマル、シャーマンの旅など、さまざまな出会い。バーン（デッドの農場）で、アフリカで、はたまた子どものキャンプで、実験的グルーヴが続きます。（ゆ）

発声と身体のレッスン
魅力的な「こえ」と「からだ」を作るために

著／鴻上尚史　発行／白水社　1700円+税

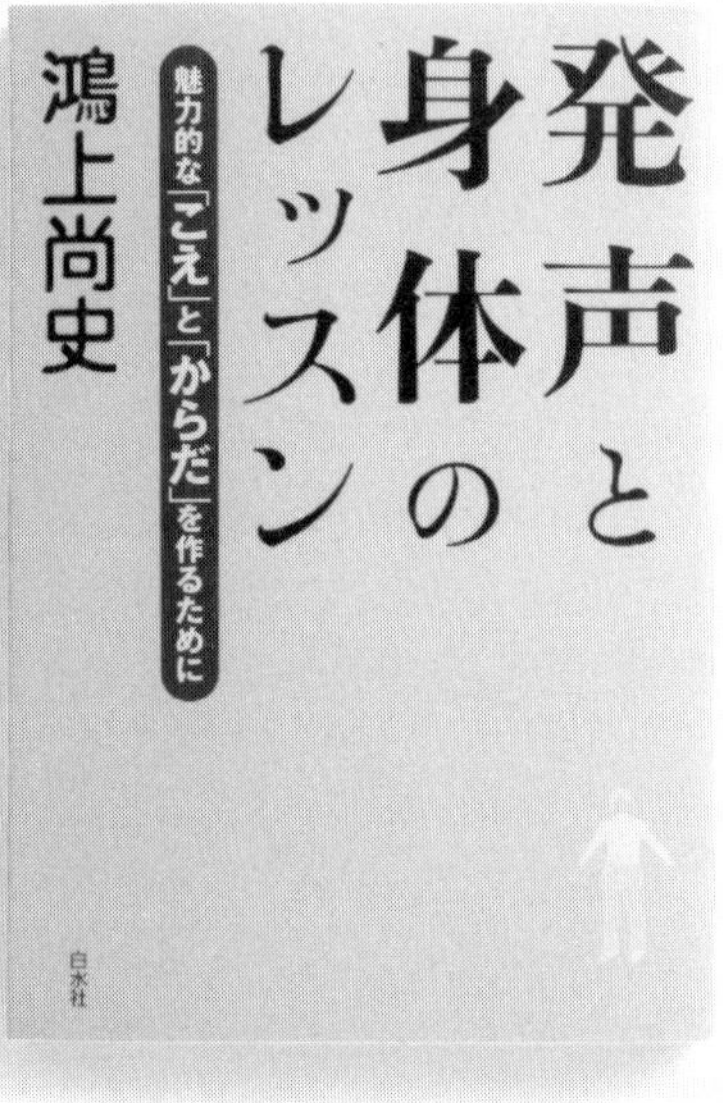

88

▼著者は演劇関係者だが、この本は「こえ」と「からだ」をもつすべての人を対象に書いたそうだ。内容は「正しい発声」と「正しい体」を手に入れるための具体的なレッスン。では「正しい発声」とは？著者は「感情やイメージがちゃんと表現できる声」と定義。「正しい体」についても同様に定義しているが、なかでも「リラックスした体」に重点をおいている。今「声を出す」行為に関心が集まっているのも（ほびっと村学校でもカタカムナ音読法やホーメイ講座が人気）、多くの人が「リラックスできない体と感情やイメージを伝えにくい声」しかもてていないということかも。自分自身を快適にするのに有効な本です。（由）

心を癒す魔法の色彩力

著／末永蒼生　絵／伊藤尚美
発行／主婦と生活社　1100円+税

89▼色鉛筆をもって、子どものとき、一〇代前半、一〇代後半、二〇代、三〇代……と色をぬっていく。喜び、悲しみ、いわくいいがたい感情が色彩をとおしてあらわれてくる。わたしたちに色彩があってよかった。どんな体験でも、色彩であらわせば、なにかやさしいきもち、浄化の感覚がでてくる。また、新たな自分に向かいたいときも、色彩は大きなヒントをくれる。ワークページ付きの絵本のような、色の本です。著者はう〜んと昔、ほびっと村学校の講師として来てくれました。（ゆ）

内面への旅
シュタイナー・コレクション2

著／ルドルフ・シュタイナー　訳／高橋　巖
発行／筑摩書房　2200円+税

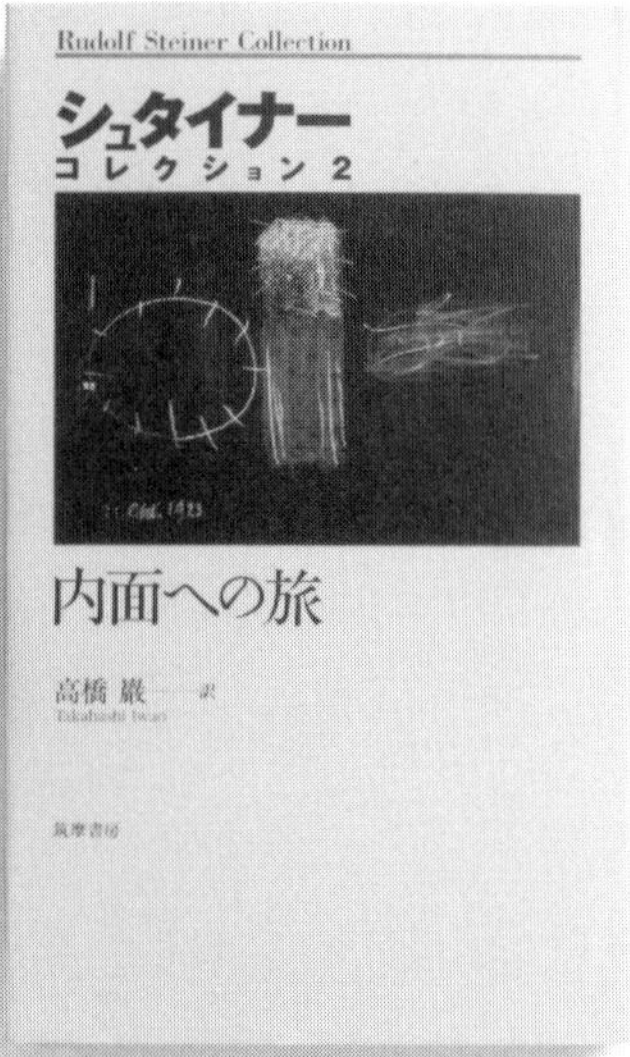

90▼シュタイナーを読むのは他の読書とは違う体験だ。うっかりベッドに寝転がって読むと、そのあまりに奇想天外な内容に驚愕して起きざるを得なくなる（たとえば、喉頭部や膝が未来の生殖器とか！）。難しいので最低二回は読む。すると今度は、しん、とする。たえず自分自身で思考しながら、同時にまわりも感じているような活発な状態なのに、でもなおのこと、しん、とする。筑摩書房新シリーズ二作目、内面への旅、とあるけれど、実は外の世界との関わり方の本だった。つくづく、すごい本です。（全七巻。１．子どもの教育、３．照応する宇宙、４．神々との出会い、５．イエスを語る、６．歴史を生きる、７．芸術の贈りもの）（ゆ）

お金で悩まない　こころの治療生活
はじめての社会保障制度活用マニュアル

著／井ノ瀬珠実　漫画・絵／藤臣柊子
発行／飛鳥新社　1300円+税　＊品切れ

16 ▼

「こころを病んだとき、必ず役に立つ、社会保障制度ガイドブック」オビより。実用書です。病気なのにお金がない、病気だからお金がないって辛い。そんな時「こころの治療」を受けるために社会的サポートがあるなら知りたいよね。これがそう！　読みやすい文章に愉快なマンガはわかりやすく、悩み真っ最中の人でも大丈夫、楽に読めるよ。病気とお金のせつなくもしんどいつながりの糸を、ちょっとだけゆるめる手助けをしてくれる。みんなで元気になろっ。（由）

ふしぎなお金

作・絵／赤瀬川原平　発行／毎日新聞社　1200円+税

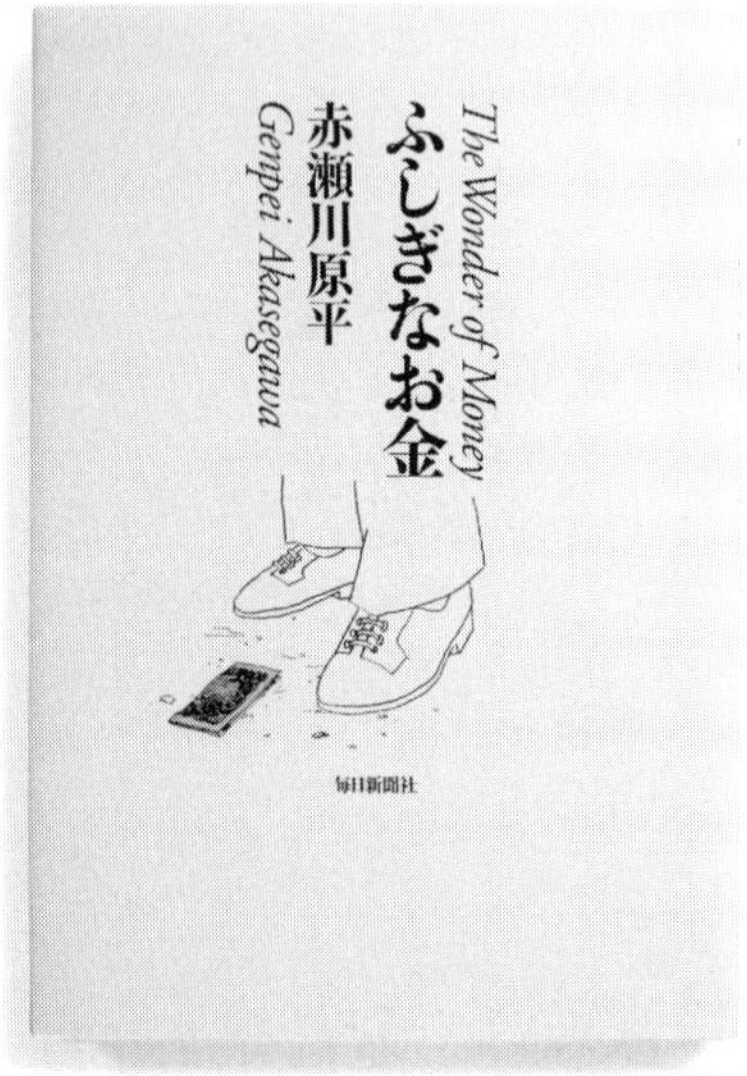

92▼

お金のふしぎについて、赤瀬川流に考え、絵に表した本。大人の頭のなかでぺしゃんこになっている子どもに向けて描いた本だそうです。むくむくと、わたしの中の子どもも対応します。犬のごほうびと手形のたとえなどは、とてもわかりやすかった。でも赤瀬川さん、もっともっと考えてください。わたしもお金に翻弄されないよう、がんばりますので、とことん考えてください。結論はでないことはわかっているけれども、お金のシステムがおかしいことはたしかなんですから。（ゆ）

エンデの遺言
「根源からお金を問うこと」

著／河邑厚徳、グループ現代　発行／日本放送出版協会
1500円+税

93
▼ミヒャエル・エンデが一九九五年に亡くなる前、一本のビデオテープを残した。その中で、彼はお金、現在の貨幣経済について話している。「今のシステムの犠牲者は、第三世界の人々と自然環境に他なりません。お金は変えられるのです。人間が作ったのですから」。変えられるものなら、変えていきたい。だってお金って本当に大変。この世の中のいろんなこと、人のこころまでもお金に支配されている。使うんじゃなくて、お金に使われていることもしばしば。このビデオをきっかけに生みだされたこの本。今のシステム、利子銀行の問題や今各地でたちあがっている地域通貨のことが書かれてある。未来に光がみえてきます。（な）

ぼくのイニシエーション体験
男の子の魂が育つ時

著／マリドマ・パトリス・ソメ　訳／山﨑千恵子ハイネマン
発行／築地書館　2000円+税

94
▼

西アフリカの村から四歳の時にキリスト教の宣教師に連れ去られた青年が、故郷の村に戻り、年若い少年たちに混じって、部族社会のイニシエーションを受け、自分をとり戻していく。その体験もふしぎなことだらけだが、祖父の葬儀を思い出すくだりもドキドキした。白人の診療所で臨終を迎えた死者が、四時間歩いて、自分の村に戻るのだ！　おとうさんは白人の神父のいうとおりにしているのだが、おじいさんはそうやって孫息子にだいじなことを伝えていったのだ。著者のマリドマという名前は、敵となかよくするもの、という意味だそうだ。今はアメリカ西海岸に住んで、さまざまなワークショップを開催している。（ゆ）

KEEP ON! Minami Masato
1965／2005

著／南正人　発行／マガジン・ファイブ
3000円+税

95
▼女の通過儀礼が初潮、出産だとしたら、今の日本の男の通過儀礼は？　えっ？　ハッパと刑務所だって？　はっはっは。でもなんでも体験にまさるものなし、です。だって、なにかが身に付くもん。魂のロックシンガーのオンザロード自叙伝、面白くていっきに読んでしまいます。愛の言葉も、平和も、自由も、タフガイの口から出てこそ、です。一九八九年の南正人二〇周年記念コンサートのDVDつき。そうそう著者のぐるぐるイラストまんがも楽しめます、なかなか濃い～写真もいっぱい。（ゆ）

図説　インド神秘事典

著／伊藤武　発行／講談社
2400円+税　＊品切れ

96▼ インドに行ったことはあるけれど知らなかったことがたくさんあった。人びとの宇宙観、人間に表わすことができない天上の音「オーム」、マントラを唱え描いていく砂マンダラ、宇宙そのものとひとつになった世界に言葉が出ない。インドの歴史と占星術の絡み合う密接な関係性やサンスクリット語から日本語への繋がりまで、ありとあらゆる奥深いひとつの源をこの本はわかりやすく、しかしたのしく提示してくれる。知らず知らずの内にかけていた色メガネが壊れる快感を味わえます！（結）

アマゾン、インディオからの伝言

著／南研子　発行／ほんの木　1700円+税

97 ▼ 今、アマゾンの先住民がどのように生きているのか、自然や動物はどういう状態なのか、熱帯雨林の保護活動を続けてきた著者が自分の言葉で伝えてくれる。男女ともほとんど全裸で生活している部族をたずねた時、「いつセックスしたくなるのか」という素朴な疑問に、七〇歳くらいの長老は「毎日、一日三回。身体にいいから」。奥さんに聞いても「身体にとてもいい」と同じ答え。単純明快。大らかでいいよね。だが、貨幣経済の導入や森林破壊によって、彼らも伝統や誇りを捨てざるをえない状況に。アル中や自殺者も多く、本当に悲惨。わたしたちの大量消費の生活は、そういう人たちの犠牲の上に成り立っているんだよね。（な）

このようなやり方で 300年の人生を生きていく

あたいのルンルン沖縄一人旅

著／小川てつオ　発行／キョートット出版　1000円+税

98▼ホームレス・アーティスト、小川てつオ、一九才、似顔絵屋で小銭を稼ぎながらの沖縄一人旅。一五年前の旅日記をひとつ年上のお兄さんが二〇〇五年出版した。お母さんが本のオビをあとから持ってきた。こういう本のつくり方っていいよね。沖縄ではおじい、おばあに怒られ、ほめられ、愛される。恋は無し。人にもまれ、人に愛され、人に罵倒され、人は育つ。「じいさんと銭湯にゆく。この銭湯は夜になると幽霊が出るため、夜九時までしか営業していない。月に一度は坊主がきてお経をあげる。ありがたい湯に1時間入る」。などなど、あっさり、こってり、青春の旅。（ゆ）

夢ってなに

著／秋山さと子　発行／パロル舎　1456円+税

99▼ 著者は一九九二年に亡くなったユング派の夢学者。ジャズ歌手やディスクジョッキー、デザイナーを経て、仏教を勉強して、四〇代になって、ほとんど偶然の出会いのようにスイスのユング研究所に留学した。その人が若い人向けに語り口調で書いた夢の本。これがいいんだな、説明的でないのに、妙にうまく説明されているというか、夢のふしぎにしだいに親しむように、誘導されていくのだ。夢は自分の中からでてくるのだから、よくても悪くても、やはり知りたいきもちにさせてくれるのが、いい本たるゆえんだろう。単なる夢解釈ではなく、夢そのものをもう一回あじわいたい方に。(ゆ)

夢の修行
チベット密教の叡智

著／ナムカイ・ノルブ　訳／永沢哲
発行／法蔵館　2400円+税

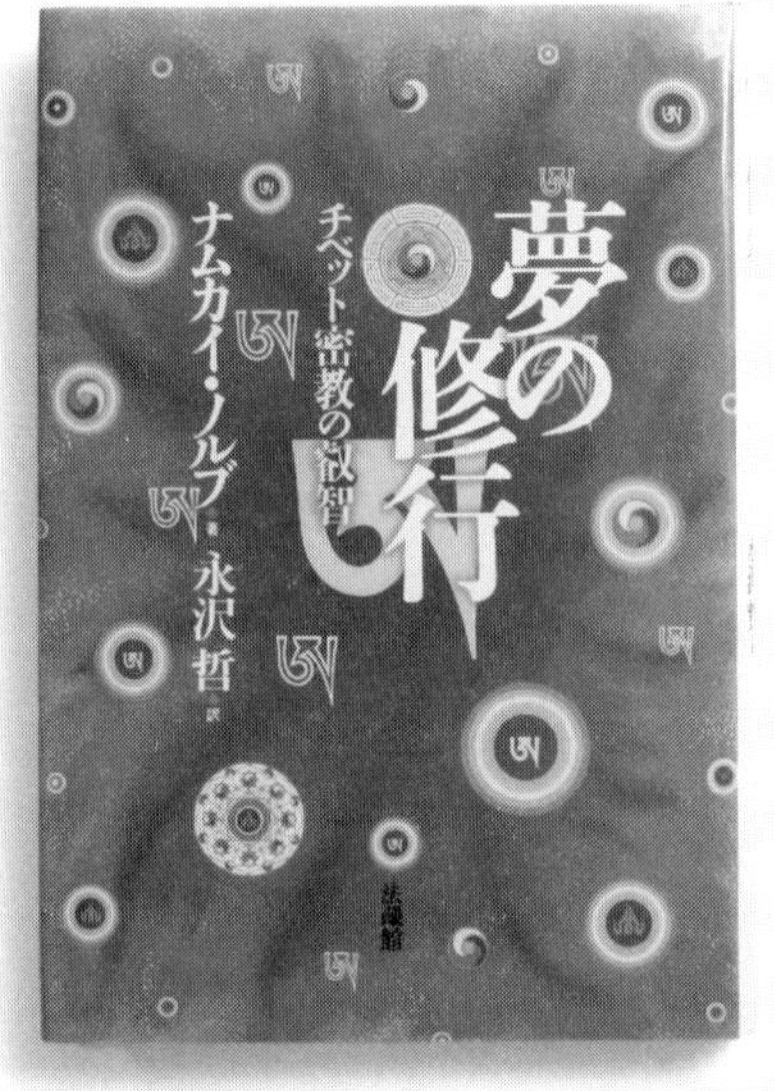

100

▼このような知恵のない、情けない時代に、チベット仏教の教えは本当に有効だと思う。この本は、夢というつかみにくいものを通して、明知（リクパ）に至る方法が書かれている。カルマの夢と光明の夢の区別、夢の中でこれは夢だと自覚をもつ方法など、初心者でも参考になることはたくさんあった。わたしはこの一〇〇冊の書評をまとめる仕事がプレッシャーになって朝目覚めが悪く、これでは一日をきもちよく過ごせないと思っていたときに、この本を読み直して感じいりました。知的理解でなく、ほんとの理解をしたい、その一助になる本です。著者は三八年東チベットに生まれ、五九年イタリーに亡命したゾクチェンの師。（ゆ）

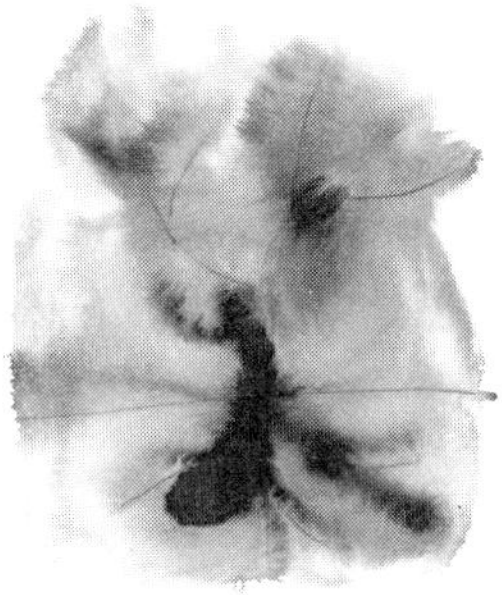

NAWA PRASAD'S

EVENT LIST

1994 4 — 2006 12

1994 4 — 1995 3

Special Class

3 — 4 — 5 — 6

●3・20／ナナオサカキ　ポエトリー・リーディング●3・25／ビデオ上映会ブッダガヤ世界平和千僧供養（林久義）

●4・17／マンダラ創りワークショップ（フェリシティ・オズウェル）●4・24／山尾三省の詩とお話の夕べ（山尾三省）●4・28／気功への道・東京（津村喬）

●5・17〜7・19（全10回、毎週火）／快医学講座（瓜生良介、藤田政弘）●5・21／優しい食、フェミニンな生き方（鶴田静）●5・25／クレヨン画で自分を開く（原田広美）

●5・29／気談クラブ〜食物・水・気（津村喬、小林恭子）

●6・4〜5／楽器作りワークショップ〜カリンバ・ひょうたん（鈴木キヨシ）●6・19／世界お産事情〜赤ん坊に聞こう、からだに聞こう（きくちさかえ）●6・22／夢のワークで自分を開く（原田広美）

7 — 8 — 9

●7・9／アルカイック・リバイバル（古代再生）〜聖なる植物と癒し（ティム・マックリーン）

●8・6／ドリームボディ（夢＝身体）〜プロセス指向心理学（藤見幸雄）●8・21／気功への道・東京〜文人気功（津村喬）●8・26／リズムワークショップ＆ライブ（鈴木キヨシ）●8・27〜28／ヨーガ夏期集中講座（抱一）

●9・3／カリンバ作りワークショップ（鈴

Weekly

月　ヨーガ（抱一）

火　揚式太極拳（関本スミ）

水　揚式太極拳（関本スミ）

水　正宗太極拳（大友映男）

金　ほのぼの気功（鳥飼美和子）

Bi Weekly

【第1・3　金】
ヒーリング・ゾーン（和賀昌司）

【第2・4　金】
経絡体操径絡指圧（鈴木庫明）

【第2・4　日】
産婆の学校
（斉藤喜久江、青木真知子ほか）
6回シリーズ、年3回開催

【第2・4日】
メビウス気流法（内山いづみ）

Gallery

【6月】
生田ナギ・モノクローム写真展
「懸案の旅」
新納屋・六ヶ所村・青森
於：ステップギャラリー

【6月18日〜8月10日】
着るとハイになる
オリジナルTシャツ展
（内海朗、シャクティ、平井哲藏）
於：ナワプラサード

【8月後半〜9月】
アボリジニTシャツ展
於：ステップギャラリー

木キヨシ）●9・20～11・22（全10回、毎週火）／やさしい快医学（小林宏男、藤田政弘、瓜生良介）

10

●10・15／マンダラ・ワークショップ（フェリシティ・オズウェル）●10・16／気功への道・東京～からだと心のマッサージ（津村喬）●10・17～12・19（全10回、毎週月）／コズミック・ダンス～八卦掌（松田隆智）●10・22／瞑想芸術の夜明け（橋本創造）●10・30／ライブ ムーンライトピクニック（向後隆他）

11

●11・3／ライブ　ナチュラル・ダブ（ウカララ）●11・5／気の輝きに包まれて（島田明徳）●11・10～3・12（3週ごと木）／世界は恋人・世界はわたし～ジョアンナ・メイシー読書会（中野ようこ）●11・12／とろんコンサート～わんだあがねーしゃ（とろん、きらきらほか）●11月～4月（第3木）／ティク・ナット・ハンの般若心経（中野民夫、高田勝弘、高橋ゆりこ）●11・19／リズム・ワークショップ（鈴木キヨシ）

12

●12・3／天地をつなぐ覚醒の書（桑田二郎）●12・4／風水・気配の感応術（出口衆太郎）●12・10／ライブ　2万kmハーモニー（ジョゼ・ピニェイロ、渡辺亮）●12・11／狂風の吟遊詩人「バウルの唄」ライブ（サドン・ブィラギ、かずみまき）●12・17、1・21、2・24・3・24（金）／自己免疫を高めるアロマセラピー（本間祖玄）●12・17／韓国自然学校と韓国気功（チェ・ソンヒョン、鳥飼美和子）●12・18／ひょうたんカリンバ教室（鈴木キヨシ）●12・23／「中央線の呪い」を語る会（三善里沙子）

1

●1・28／宇宙につながった日（山本佳人）●1・28／小説の解体・気功の解体!?（大岡玲、津村喬）●1・29／ひょうたん楽器（オカリナ、マラカス）教室（鈴木キヨシ）

2

●2・4、18／オーラセラピー（坂野佳美）●2・19／心理占星学への招待（鏡リュウジ）●2・25／チベット仏教入門講座（チミー・キンレー）●2・28～5・23（全12回、毎週火）／やさしい快医学（瓜生良介、小林宏男）

3

●3・18／ひょうたんカリンバ教室（鈴木キヨシ）●3・18／たすけあうときに起こること～阪神大震災の現地から（石井布紀子）●3・19／ゆったりビート・ワークショップ（鈴木キヨシ）●3・19／神戸NOW！明るい難民レポート（たかのかずこ）

1995 4 — 1996 3

Special Class

4

●4・2／いまひとつの身体へ～メビウス気流法（坪井香譲）●4・6～6・22（3週おき）世界は恋人、世界はわたし～ディープエコロジー読書会（なかのようこ）●4・8／ナワプラサード1周年イベント　フリーマーケット、仮装パーティ●4・21／0リングテストをやってみよう（山本達治）●4・22／ライブ　ナーダ・ヴァイブレーション（向後隆ほか）

5

●5・12～7・21（全6回、隔週金）／日常の鍼灸（山本達治）●5・28／西荻風水観気ツアー（出口衆太郎）

6

●6・3／だれでも描ける仏画教室（高橋典子）●6・12～7・24日（隔週月）／八卦掌～コズミックダンス（天野博之、下川和久）●6・15／チベット密教気功のファーストステップ（津村喬）●6・16～7・28（全4回、隔週金）／ヒーリング風水呼吸講座（宮幡和実）●6・17／アコースティック・ライブ　アイタル・ミーティング（下村誠、吉田ケンゴ）●6・24、7・8、22／楽しい家づくり教室～山荘・山小屋編（片山暁）●6・25／チベット仏教講座～ヴァジュラヤーナとゾクチェン（林久義）

7

●7・14、28／からだの風水　ボディワーク・ヒーリング（宮幡和実）●7・15／プー・カングァン・コンサート（プー・カングァン、菅幸恵）●7・16／直感と遊ぶ(DASO)●7・

Weekly

月　メビウス気流法（内山いづみ）
　　～96年2月より火曜日に

月　ヨーガ（抱一）
　　1月より講師は大塚須沙子に

火　揚式太極拳（関本スミ）

水　揚式太極拳（関本スミ）

水　正宗太極拳（大友映男）

金　ほのぼの気功（鳥飼美和子）

Bi Weekly

【第2・4　日】
産婆の学校
（斉藤喜久江、青木真知子ほか）
6回シリーズ、年3回開催

Monthly

【不定】

自己免疫を高めるアロマセラピー
（本間祖玄）

Gallery

【4月1日～14日】
阪神淡路大震災チャリティー写真展
「新しい神戸のために」
於：ステップギャラリー

【4月21日～5月21日】
「ギートの遍歴展」高田勝弘編集展
於：ナワプラサード

【6月2日～30日】
生田ナギ・モノクローム写真展
「懸案の旅」六ヶ所村
於：ステップギャラリー

【11月3日～12日】
あるけあるけ展　市井ミカ
於：ステップギャラリー

16／人の心に今起こっていること～『変性意識の舞台』（青土社）をめぐって（菅靖彦）●7・22／カンガを楽しむ（織本知英子）●7・23／快音楽（かいおんらく）ワークショップ（鈴木キヨシ）●7・29／森の息吹き～横笛コンサート（福井幹）

8

●8・25／チベット密教気功オリエンテーション1（津村喬）●8・26／賢司の学校・一日編集学校（津村喬）●8・26／愛の講座（津村喬）

9

●9・22～12・1（全10回、毎週金）／やさしい快医学（小林宏男、瓜生良介）●9・24、10・1／チベタン・パルシング・ヒーリング（アカンパ）

10

●10・8／マンダラ・ワークショップ（フェリシティ・オズウェル）●10・21～12・16日（全6回、毎週土）／ネオ・ヌメロロジー（DASO）●10・22／直感と遊ぶ（DASO）●10・28／ボランティア講座（川西雅子）

11

●11・5／竹のカリンバ・作り方と遊び方（鈴木キヨシ）●11・9／チベット仏教講演会～ダイヤモンドの道を生きる（カルマ・カギュ派　マーク・チェリスチェフ）●11・11／とろーん・コンサート（とろーん）●11・12／クリエイティブ・ヒーリング・ワークショップ1　絵・からだ・物語（襄岩ナオミ）●11・18／スリーインワン・コンセプト（キネシオロジー、佐々木京子）●11・18／気功への道・東京　チベット密教気功と禅気功（津村喬）●11・19／賢司の学校・一日編集学校（津村喬）●11・19／愛の講座（津村喬）●11・25／AMAHOROコンサート「宇宙の心」（向後隆、川岸宏吉）●11・26／ティク・ナット・ハン来日講演ビデオ上映会（マインドフル・サンガ）

12

●12・3／直感と遊ぶ（DASO）●12・16／アコースティック・ライブ　アイタル・ミーティング（下村誠ほか）●12・17／「宗教と霊性」をめぐって　鎌田東二講演会＋忘年会●12・24／禅密気功教室（朱剛）

1

●1・12／ミューチュアル・ドリーミング初夢大会（三浦恵子、高橋ゆりこ）●1・14／女も男もジェンダーワーク1　蔦森樹のトランスジェンダー物語（蔦森樹、蔦森有希）●1・28／女も男もジェンダーワーク2　ジェンダーの束縛を知り、自分自身を解放する（蔦森樹、蔦森有希）

2

●2・10～11／ひょうたん太鼓の作り方遊び方2 days●2・17／気功への道・東京　日々の気功・究極の気功（津村喬）●2・17／

1996 4 — 1997 3

Weekly

月　ヨーガ　（大塚須沙子）

火　メビウス気流法　（内山いづみ）

火　揚式太極拳（関本スミ）

水　揚式太極拳（関本スミ）

水　正宗太極拳（大友映男）

金　ほのぼの気功（鳥飼美和子）

Bi Weekly

【第2・4　日】
産婆の学校
（斉藤喜久江、青木真知子ほか）
6回シリーズ、年3回開催

Monthly

【不定】
自己免疫を高めるアロマセラピー
（本間祖玄）

【第3　金】
浄血健康法と楽動ヨーガ（三好暁）
7月よりヨーガ瞑想生活入門に、1月まで

【第3　土】手話講座（鴨尾智一）
12月まで

【第3　日】
渡辺義充監督作品
「伝承Transmission」上映会

Gallery

【6月】
生田ナギ・モノクローム写真展
「懸案の旅」新納屋・六ヶ所村・青森
於：ステップギャラリー

Event

【11月3日】
ほびっと村祭・祝20周年
於：ほびっと村ビル裏の特設野外会場

3

愛の講座（津村喬）●2・24／KOH-TAO LIVE（KOH-TAO）●2・25／アイデコしんやデビュー・還暦祝いライブ（かわうちしんや）●3・1／オトコの出産・育児とセクシュアリティ（きくちさかえ十男性ゲスト2名）●3・3／クリエイティブ・ヒーリング・ワークショップ2（袰岩ナオミ）●3・9／

Flowering of the Spirit AMAHOROコンサート（向後隆、川岸宏吉）●3・10／女も男もジェンダーワーク3　フォローアップワーク（蔦森樹、蔦森有希）●3・24／縄文体験・土染めと火おこし（関根秀樹）●3・31／宮沢賢治と鉱物幻想（関根秀樹）

4

●4・7／直感と遊ぶ（DASO）●4・12／気功への道・東京　気功的ストレッチ・八段錦（津村喬）●4・13／賢司の学校・一日編集学校（津村喬）●4・13／愛の講座〜房中って実際どんなもの？（津村喬）●4・14／マンダラ・ワークショップ（フェリシティ・オズウェル）●4・20／ヴィパッサナ瞑想入門（ウィマラ比丘）●4・27／チェルノブイリ10周年祈念企画「虹の蛇を作ろう！」（ナワプラサード・KAGE）

5

●5・8〜29（全4回、毎週水）／外気ヒーリング（花岡和恵）●5・13〜7・15（全10回、毎週月）／やさしい快医学（野本美保・瓜生良介）●5・18／世界タンポポ会議（すずきかずこ）●5・31／トランスパーソナルな視点で考える〜成長としての老い（吉福伸逸）

6

●6・7〜9／チベタン・パルシング・ヒーリング（アカンパ）●6・8〜7・27（全5回、隔週土）／インナー・チャイルド・ワーク（森久美子）●6・9／気功への道・東京〜亀に聞いてみたいこと（津村喬）●6・15／天草の森ライブ（KEITA）●6・30／からだの原点へ・「正中線」の新発見（坪井香譲）●6・30／誰でもできる演芸武術（長野峻也）

7

●7・7、13、21／チベタン・パルシング・ヒーリング（アカンパ）●7・7／七夕・アート・リチュアル　星祭り（畏岩ナオミ）●7・14／直感と遊ぶ（DASO）●7・20／ビデオ&ディスカッション「Rokkasho」（Plutonium Free Future）●7・20／夏の宴「もも」海の日コンサート（もも）●7・26／気功への道・東京　気功と宇宙感覚（津村喬）●7・27／ジョゼ・ピニェイロ　LIVE SHOW〜アマゾンからの風（ジョゼ・ピニェイロ、渡辺亮）

8

●8・3、4／インナー・チャイルド・ワーク（森久美子）●8・24、9・7、22／チベタン・パルシング・ヒーリング（アカンパ）●8・25／全然役に立たない護身術！（長野峻也）

9

●9・15／こころの声を歌にする（伊藤雄二郎）●9・21、22、28／チベット密教実践講座（チミー・キンレー）●9・27／ガイアリズムの暦のお話（きこり）●9・29／誰にでもはできない名人芸武術（長野峻也）

10

●10・4〜12・6（全10回、毎週金）／やさしい快医学（小林宏男、瓜生良介）●10・5〜3・1全5回、毎月第一土）／気で癒すレイキの会（鈴木庫明）●10・12／マンダラ・デイ・ワークショップ（フェリシティ・オズウェル）●10・26／とろーん&きらきら　コンサート（とろーん&きらきら）●10・27／「健康のためなら命も要らない！」という境地に到達した人のための強健術（長野峻也）

11

●11・4、24／スリーインワンキネシオロジー　からだはすべてを知っている（大塚成男）

●11・23／Fragrance of ESRAJ～エスラージの響き（向後隆ほか）●11・30、12・1／インナー・チャイルド・ワーク（森久美子）

12

●12・8／チベット密教気功と生老病死について（林茂美、松田隆智）●12・8、1・26、2・23、3・23／殺陣と健康法（長野峻也）

●12・14、1・25／13の月の暦とマヤ暦（高橋徹、高橋いづみ、蔦森樹）●12・15／時間の華をたたえる～ライフアートで送る1996年（褒岩ナオミ）●12・21／アロマ・エサレン・マッサージ（塚本正樹）

1

●1・10／ミューチュアル・ドリーミング～夢のふ化と共同夢見実験～初夢大会'97（高橋ゆりこ）●1・18／新春生うた始め（南條倖司&まあ）

2

●2・1、3・1／気で癒すレイキの会（鈴木庫明）●2・8／須田軍司ビデオ会●2・15／ストレスを活力と幸福に変容させるワークショップ（サリー・ヤスカワ、ヒロ・ヤスカワ）●2・16／ウィメンズ・ボディ・ワークショップ（サリー・ヤスカワ、ヒロ・ヤスカワ）●2・23／気功学とその実践（林茂美、松田隆智）

3

●3・1／アロマ・エサレン・マッサージ（塚本正樹）●3・8／スリーインワン・キネシオロジー～からだはすべてを知っている（大塚成男）●3・15／アイヌモシリの光と風 Oki Live～春の宴（加納オキ　playsトンコリ）

●3・23／笑い気功（神原泰三）

1997 4 — 1998 3

Weekly

月　ヨーガ（大塚須沙子）
火　メビウス気流法（内山いづみ）
火　揚式太極拳（関本スミ）
水　揚式太極拳（関本スミ）
水　正宗太極拳（大友映男）
金　ほのぼの気功（鳥飼美和子）

Bi Weekly

【第2・4　日】
産婆の学校
（斉藤喜久江、青木真知子ほか）
6回シリーズ、年3回開催

Monthly

【第1　土】
レイキの集いガイア
（鈴木グッド庫明）

【第3 金】
ヒーリング・アート入門
（岩本弘人）

【第3　土】
自己免疫を高めるアロマセラピー
（本間祖玄）

【第3　日】
渡辺義充監督作品
「伝承Transmission」上映会
2000年3月まで

【第4　日】
殺陣と健康法（長野峻也）

Gallery

【5月】
生田ナギ・モノクローム写真展
「懸案の旅」六ヶ所村
於：ステップギャラリー

【11月1日～9日】
AFRICAN BATIK EXHIBITION /
NAO.M.O　於ステップ・ギャラリー

Special Class

4

●4・13／マンダラ・ワークショップ（フェリシティ・オズウェル）●4・19／60年代ニューヨークの新しい芸術とサイケデリック・リボリューション（おおえまさのり）●4・20／共なり一重の身〜正中線とその発展（坪井香譲）●4・27／気功学とその実践〜心の調節について（林茂美、松田隆智）

5

●5・12〜7・21（全10回、毎週月）／やさしい快医学（野本美保）●5・17／母音マンダラ個性表記法と母音体操（神原泰三）●5・30／心の底でとぐろを巻いている価値観〜善悪は自分自身に問いかけるもの（吉福伸逸）●5・31／13の月の暦とマヤ暦（高橋徹、高橋いづみ、蔦森樹）

6

●6・8、7・11、8・22、10・12、11・14／スリーインワン・キネシオロジー〜からだはすべてを知っている（大塚成男）●6・14、7・19／エサレン・マッサージ（塚本正樹）●6・15／母音遊び（神原泰三）●6・22／人生そーだんTALK SHOW（加藤哲夫、とろーん）●6・28／ドラム・クリニック（土取利行）●6・29／気功学とその実践〜少林内勁一指禅功（林茂美、松田隆智）●6・29／やすらぎのひびき　横笛コンサート（福井

幹）

7

●7・6／アート・リチュアル　星に祈りを！（裹岩ナオミ）●7・12／スーフィーの伝道者による、身体の魔法（インゴ・タレブ・ラシード）●7・13／「生命のうた」音楽講座（桃山晴衣）●7・19／FULL MOON TALK LIVE～はずれたっていいじゃない（とろん、蔦森樹）

8

●8・23、24／インナー・チャイルド・ワーク（森久美子）●8・30、31／チベタン・パルシング・ヒーリング（アカンパ）

9

●9・12～12・26（全8回、隔週金）／潜在体力講座（谷田部英正）●9・13／TASMANIA'S TARKINE「ターカイン・ストーリー」上映会（澤村浩行ほか）●9・20／伝承上映会特別番外編　山中茂スピリチュアル・ライブ●9・27／TALK LIVE～「スピリット」とシンクロニシティ（宮迫千鶴）●9・28／気功学とその実践～大雁気功の理論と実践（林茂美、松田隆智）

10

●10・5／土壁の魅力、生石灰の不思議～自然素材による住まい（片山暁）●10・10／ヒューマン・デザイン・システム&クリスタル・エナジー・ヒーリング（アカンパ）●10・11、12／チベタン・パルシング・ヒーリング（アカンパ）●10・31／俳句リーディング　美神忌（河村悟、グンナル・リンデル、高橋ゆりこ）

11

●11・1／とろんコンサート（とろーん、きらきらほか）●11・8／マンダラ・ワークショップ（フェリシティ・オズウェル）●11・9／チベット密教講座～古訳ニンマ派の修行階梯（ニチャン・リンポチェ師）●11・15／トーキング・スティック（岸僚子）●11・16／自分の体を活かす講座～手をあてて、それから（犬飼司郎）●11・22／山中茂AGAIN!スピリチュアル・ライブ～EARTH IS BLUE（山中茂）●11・30／気功学とその実践～大雁気功（林茂美、松田隆智）

12

●12・5／寿のOKINAWAN WORKSHOP（ナビィ、みやぎよしみつ）●12・7／KOH-TAO live～たゆたゆ（KOH-TAO、沢田穣治、おちあいさとこ）●12・13、14／太鼓づくりワークショップ2days（内山伸治）●12・21／アート・リチュアル　時間の華をたたえる・手放す、手渡す（裹岩ナオミ）

1

●1・10／新春鼎談・1998年の道ひらき（横尾龍彦、西川隆範、鎌田東二）●1・11／新春恒例・初夢大会'98（高橋ゆりこ）●1・17／まいにち役立つ心理療法（岸僚子）●1・

2

25／ビデオ上映会・ある「癒し」の現場から（上野圭一）●2・14／夢を人生にいかしていく方法（岸僚子）●2・21／じぶんとひとの体の力を活かす講座（犬飼司郎）●2・21／男のよろず相談室〈メンズ・ワーク〉（三好哲治）●2・22／ターカイン・ストーリー上映会（澤村浩行）●2・28／エサレン・マッサージ（塚

3

本正樹）●2・28／Live! ミネ&しんや inほびっと（ミネ、かわうちしんや）
●3・8／ROOTS PARTY～ケチャ・アンサンブルをおぼえよう（鈴木キヨシ）●3・14／お金と仲良しになる方法（岸僚子）●3・22／生理を味方にして元気になる（犬飼司郎）
●3・29／スピリチュアル・ライブ～EARTH IS BLUE（山中茂）

1998 4 — 1999 3

Weekly

月　ヨーガ（大塚須沙子）
火　メビウス気流法（内山いづみ）
火　揚式太極拳（関本スミ）
水　揚式太極拳（関本スミ）
水　正宗太極拳（大友映男）
金　ほのぼの気功（鳥飼美和子）

Bi Weekly

【第1・3　金】
ヒーリング・ゾーン（和賀昌司）

【第2金、第4月】
エネルギー感知セミナー
（プリラ）9月より

【第2金、第4　日】
産婆の学校
（斉藤喜久江、青木真知子ほか）
6回シリーズ、年3回開催

Monthly

【第1　土】
レイキの集い〜
9月からは整気クラブに改題
（鈴木庫明）

【第2 or 3　土】
自己免疫を高めるアロマセラピー
（本間祖玄）

【第3　土】
じぶんとひとの体を活かす講座
（犬飼司郎）11月まで

【第3　日】
渡辺義充監督作品
「伝承Transmission」上映会
2000年3月まで

【第4　日】
殺陣と健康法（長野峻也）

Gallery

【7月11日〜26日】
へーた原画展（平島平太）
於：ステップギャラリー

Special Class

4

5

●4・9〜7・16（隔週木）／YOGA FOR ENGLISH SPEAKERS（抱一）●4・12／マンダラ・ワークショップ（フェリシティ・オズウェル）●4・16〜7・23（隔週木）／抱一のヨーガ（抱一）●4・17／あなたはいったい誰だろう〜魂の計画を探る（岸僚子）●4・18／覚醒の為の新運動法MUワーク（和賀昌司）●4・19／メビウス気流法特別講座〜愛のヴィジョンと闘いの武（坪井香譲）●4・25、7・18／手技を学ぼう（大友映男）●5・10／モナケパライブ（ひょうたん三弦とうたby熊谷もん）●5・11〜7・13（全10回、毎週月）／やさしい快医学（野本美保）●5・16／催眠入門〜潜在意識を味方につける（岸僚子）●5・17／エサレン・ワークショップ説明会（鎌田万里）●5・30、6・27／男のよろず相談〜メンズワーク（三好哲司）●5・31／エレクトリック・トランペット・ソロ・ライブ LOVE SONG（木村謙一）

6

7

●6・6、7・4／楽しい初心者ヨーガ講座（抱一）●6・14／CONTA!CONTA!NORDESTE!〜ジョゼ・ピニェイロ・ライブ（ジョゼ・ピニェイロ）●6・19／SUPER LIVE TALK SHOW〜個人としてのワタシとは？（蔦森樹、橋本秀雄）●6・20／過去生ごっこ〜あなたを内側と外側から、探る（岸僚子）●7・3／虹のひびき LIVE〜Celestial Harmony（川岸宏吉、堀田峰明）●7・5／エレクトリック・トランペット！ライブAGAIN! "Soul"（木村謙一）●7・12／はにかみよーんずぃほびっと（赤沢ふみひ、清水彩月）●7・18／手技の会（大友映男）●7・26／音楽（おんらく）ドドンパクラブ～音をつくろう・あそぼう（鈴木キヨシ）

8

●8・2／覚醒の為の新運動法MUワーク（和賀昌司）

9

●9・3～11・26（全12回、毎週木）／昼のヨーガ（抱一）●9・24、10・23／ヨーガの眠り体験講座（抱一）●9・26、10・24、11・28、12・26／エネルギーをあつかうグループセッション（国倉典子、杉崎恭子）●9・26、11・28、1・29／覚醒の為の新運動法MUワーク（和賀昌司）●9・27／バリ舞踊ワークショップ（小谷野哲郎）

10

●10・1～12・3（全10回、毎週木）／やさしい快医学（中野泰志、瓜生良介）●10・4／SUPER LIVE TALK SHOW～星と魂とわたしたちの人生と…（鏡リュウジ、菅靖彦）●10・16／Djenbe Djenbe（YARZ、アイタルミーティング他）●10・31／マンダラ・ワークショップ（フェリシティ・オズウェル）

11

●11・8～3・21（全10回、隔週日）／自分で自分を育てる学校（岸僚子）●11・13／サンセイ、帰京～山尾三省　詩とおはなしの会（山尾三省）●11・14、12・5、1・9、23、2・6／手当てを深めていく（犬飼司郎）●11・14／バンスリーのしらべ～インド古典音楽コンサート（カルロス・グェラ、中村徳子）●11・29、12・19、3・6、27／カタカムナ音読法（松永暢史）

12

●12・10／風狂の吟遊詩人　バウルの唄（サドン・ポイラギ、かずみまき）●12・18、19、1・21、23／タロット・トキ式（マドモアゼル朱鷺）●12・20／アート・リチュアル　時間の華をたたえる（巽岩ナオミ）●12・27、1・7、14／プロセスワーク夢と遊ぼう（タケとアヤコ）

1

●1・15／音楽（おんらく）ワークショップ（高橋コージ、鈴木キヨシ）●1・30、31／インナーチャイルド・ワーク（森久美子）

2

●2・27／エサレン・マッサージお試しミニコース（塚本正樹）●2・28、3・28／詩人のダンス・ワークショップ～河村悟ダンスレッスン（河村悟）

3

●3・11、18、25／はじめての手当て（犬飼司郎）●3・19／スリーインワン・コンセプツ（大塚成男）●3・20／セラピューティック・タッチ（犬塚司郎）●3・20／エスラージ・ソロコンサート Flowering of Melodys（向後隆、赤根影子ほか）●3・27／いにしえの音に遊ぶ　雅楽コンサート（田島和恵ほか）

1999 4 — 2000 3

SPECIAL CLASS

4

●4・1〜6・17（全10回、毎週木）／やさしい快医学夜の部（中野泰志、奥寺由美、瓜生良介）●4・2／催眠療法の可能性（岸僚子）●4・4／プロセスワーク　人間関係の葛藤から学ぶ（タケとアヤコ）●4・11、5・22、7・11／抽象構成作文法（松永暢史）●4・11、5・22、6・18、7・11／カタカムナ音読法（松永暢史）●4・11、5・22、6・18、7・11／月の会〜月の遠近WAVEの読み方（松永暢史、滑川悟志）●4・17／ムーン・レディ　月のサイクルとつながろう！（フェリシティ・オズウェル）●4・18／マンダラ・ワークショップ　自分の全体性を知る（フェリシティ・オズウェル）●4・24／笑い気功（神原泰三）●4・25、5・16、30、6・6、20（全5回）手当てを深めていく（犬飼司郎）

5

●5・10〜7・12（全10回、毎週月）／やさしい快医学昼の部（野本美保）●5・14、21、28／タロット・トキ式（マドモアゼル朱鷺）●5・23／楽しい古典文音読を深めていくコース（松永暢史）●5・29〜8・7（全7回、隔週土）／ヒプノセラピストになるための、インテンシィブトレーニングコース（岸僚子）●5・30／新詩集『ココペリ』（スタジオ・リーフ）記念　ななおさかき　ポエトリー・リーディング

6

●6・24〜7・29（全6回、毎週木）／癒し

WEEKLY

月　ヨーガ（大塚須沙子）

火　メビウス気流法（内山いづみ）

火　揚式太極拳（関本スミ）

水　揚式太極拳（関本スミ）

水　正宗太極拳（大友映男）

金　ほのぼの気功（鳥飼美和子）

金　フェルデンクライス・メソッド（川前涼子）

BI WEEKLY

【第2　金、第4　月】
エネルギー感知セミナー
（プリラあらため浅井有紀子）
5月〜2月

MONTHLY

【第1or2　金or土】
MUワークによるリーディング・セッション（和賀昌司）5月より

【第1　土】
整気クラブ
（鈴木庫明あらため晴童）

【第2or3　土】
自己免疫を高めるアロマセラピー
（本間祖玄）

【第3　日】
渡辺義充監督作品
「伝承Transmission」上映会

【第4　日】
アートマン・プロジェクト
定期講座（長野峻也）

GALLERY

【4月23日〜29日】
足田メロウ個展
於：ステップギャラリー

【7月9日〜25日】
本藍染めTシャツ展
SpiritualBlue（山内淳次）
於：ステップギャラリー

のための仏教瞑想講座（井上ウィマラ）●6・26／こころ体操（神原泰三）
●7・4、18、8・1／はじめての、手当て（犬飼司郎）●7・16、30／タロット・トキ式アドバンス・クラス（マドモアゼル朱鷺）●7・24／愛の力〜ゆんたく会（蔦森樹）
9・2〜23（全4回、毎週木）／瞑想に基づいたストレス緩和法（井上ウィマラ）●9・12／菅靖彦のスピリチュアル・ダイアログ1
　自然に生きる自然に学ぶ（菅靖彦、星川淳）●9・12／KEITA MYSTIC MUSIC（KEITA）
●9・18、10・15／叡知の学校説明会（岸僚子）●9・18／寿〜HALF MOON LIVE（ナビィ、よしみつ）●9・25、10・16／タロット・トキ式　初心者向けクラス（マドモアゼル朱鷺）●9・30／梶田イフin ほびっと村CD「夢なら夢でも…」発売記念ライブ（梶田イフ）
●10・7〜12・9（全10回、毎週木）／やさしい快医学（中野泰志、奥寺由美）●10・10、11・14、1・9、3・12／カタカムナ音読会（松永暢史）●10・10、11・14、1・9、2・13、3・12／月の会〜月の遠近WAVE（滑川悟志）●10・24／エスラージ・ソロ・コンサートPRASHANTI（向後隆、赤根影子）●10・29、11・5、12／タロット・トキ式　中級者向けクラス（マドモアゼル朱鷺）●10・30／ムーン・レディ〜月のサイクルとつながろう！（フェリシティ・オズウェル）●10・31／マンダラ・ワークショップ（フェリシティ・オズウェル）
●11・6〜3・18（全10回、隔週土）／叡知の学校〜現世の為の神秘を教える学校（岸僚子）●11・7〜12・19（全7回、毎週日）／詩人のダンス・ワークショップ（河村悟）●11・15、12・16／フラワーエッセンス入門（増田恵子）●11・29／じぶんとひとの体の力を活かす講座・生理を味方にして、ますます健康に！（犬飼司郎）●11・29／石の神話をひらく〜写真・映像・詩が呼応して（須田郡司、畏岩ナオミ）
●12・12／KEITA LIVE IN TOKYO（KEITA）●12・18／菅靖彦のスピリチュアル・ダイアログ2　星と魂と私たち（菅靖彦、鏡リュウジ）
●1・13〜3・2（全8回、毎週木）／癒しの仏教瞑想講座（井上ウィマラ）●1・29／菅靖彦のスピリチュアル・ダイアログ3　エニアグラム〜魂の9つのかたち（菅靖彦、ティム・マックリーン）●1・21、3・23／グレイスフル・タッチ（塚本正樹）●1・22／仙道入門（求真坊玄進子）

2000 4 — 2001 3

Weekly

月　ヨーガ（大塚須沙子）

火　メビウス気流法（内山いづみ）

水　揚式太極拳（関本スミ）9月まで

水　正宗太極拳（大友映男）

金　ほのぼの気功（鳥飼美和子）

金　フェルデンクライス・メソッド（川前涼子）

Bi Weekly

【不定　月2回】西荻活元会（長本京子）

【第1　火、第2　金】
グレースフル・タッチ（塚本正樹）

【第2 木、第3 日】
フラワーエッセンスセラピー（増田恵子）

Monthly

【第1 or 2　土】
MUワークによるリーディング（和賀昌司）

【第1　土】
整気クラブ（鈴木晴童）6月まで

【第2or3　土】
自己免疫を高めるアロマセラピー（本間祖玄）

【第3　土】
枠を広げる夢講座（大高せいじ）

【第3　日】
カタカムナ音読会（松永暢史）

【第3　日】
月の会（滑川悟志）

【第4　日】
游心流武術健身法（長野峻也）

2

●2・26／菅靖彦のスピリチュアル・ダイアログ4　霊的健康とはなにか（菅靖彦、上野圭一）

3

●3・9、16、23／はじめての手当て（犬飼司郎）●3・12／ベジタリアン宮沢賢治（鶴田静）●3・17、18、19／渡辺義充監督作品「伝承Transmission」最後の上映会●3・19／木霊　山中茂ライブ　夜上映後FAREWELL PARTY●3・30／フラワーエッセンスセラピー・ガイダンス（増田恵子）

Special Class

●4・8／ネイティブ・アメリカンの知恵（岸僚子）●4・8／ムーン・レディ〜月のサイクルとつながろう（フェリシティ・オズウェル）●4・9／マンダラ・ワークショップ（フェリシティ・オズウェル）●4・15／仙道入門（求真坊玄進子）●4・22／催眠療法入門（岸僚子）

●5・7／カラムボード実践講習会（松永暢史）●5・8〜7・10（全10回、毎週月）／やさしい快医学（野本美保）●5・14〜7・9（全5回、隔週日）／きくちさかえのマタニティクラス（きくちさかえ）●5・23／THE LONG WALK for BIG MOUNTAIN 報告会●5・25／紫外線のおはなし（中野ようこ）●5・27〜8・5（全7回、隔週土）／ヒプノセラピストになるための、インテンシブトレーニングコース（岸僚子）●5・30〜7・11（全7回、毎週火）／癒しの仏教瞑想講座（井上ウィマラ）

●6・11／抽象構成作文法（松永暢史）●6・25／スピリチュアル・ダイアログ特別編〜霊性とセクシュアリティ（加藤清、宮迫千鶴）

●7・14、21、28／タロット・トキ式〜カードアートワーク（マドモアゼル朱鷺）●7・17、24、31／はじめての、手当て（犬飼司郎）●7・22／心理療法はおもしろい（岸僚子）

●9・15、10・15／ミニ叡智の学校（岸僚子）

●10・1、12・10／マクロビオティック入門講座・セルフヒーリングとしての食養と断食（大友映男）●10・1／アコースティック・

Gallery

【5月19日〜6月2日】
THE LONG WALK for BIG MOUNTAIN
記録写真展
於：ステップギャラリー

【6月4日〜25日】
懸案の旅
青森県六ヶ所村
新納屋部落　風の子
（生田ナギ）写真展
於：ステップギャラリー

【7月15日〜30日】
いのちの祭り2000に
向けて・祭りで出会った
おしゃれな
アーティストたち
須藤真理子・小林克夫
写真展
於：ステップギャラリー

【9月15日〜24日】
田畑陽子展
於：ステップギャラリー

【11月3日〜12日】
ドナルド・マルティン展
於：ステップギャラリー

【3月1〜20日】
長本光男展
於：ステップギャラリー

11

ライブ　MYSTIC MUSIC（KEITA from天草）●10・10〜11・21（全7回、毎週火）／癒しの仏教講座（井上ウィマラ）●10・15／CANTA! CONTA! NORDESTEジョゼ・ピニェイロ　ライブ&トークショー（ジョゼ・ピニェイロ）●10・21／カンボジア古典舞踊の夕べ（山中ひとみ）●10・28／ムーン・レディ〜月のサイクルとつながろう（フェリシティ・オズウェル）●10・29／マンダラ・ワークショップ（フェリシティ・オズウェル）●11・5〜3・18（全10回、隔週日）／叡智の学校（岸僚子）●11・9、3・29／生理を味方にしてますます健康に（犬飼司郎）●11・10／ほのぼの気功特別企画・中健次郎さんを迎えて〜大海原への途上にて●11・16、30／こころからだから（増田恵子、けいそうともこ）●11・18／ビデオ上映&トーク　東チベットの旅（須田郡司）●11・26／女性のための自己防衛術講座（長野峻也）

12　**1**　**2**　**3**

●12・16、1・27／ディジュリドゥー・入門ワークショップ（浅岡秀彦）●1・19／女神のちから、女神のこころ（ハリー・オースティン・イーグルハート、小田まゆみ）●1・20〜3・17日（全5回、隔週土）／きくちさかえのマタニティクラス　冬（きくちさかえ）●1・30〜3・27（全7回、毎週火）／癒しの仏教瞑想講座（井上ウィマラ）●2・24／コラボレーション・ライブ　童謡詩とアカペラの祈り（天川彩、佐々木千賀子）●3・3／吉本由里ソロコンサート　北カリフォルニア　山の草原　丸い木の家から　暮らしをうたう●3・17、4・21／催眠療法（ヒプノセラピー）入門（岸僚子）●3・20／メビウス気流法特別講座　歓喜と感謝！〜武術の極意「浮身」を体重計で測る（坪井香譲）●3・31／風の塔音楽会（下村誠、南條倖司ほか）

2001 4 — 2002 3

Weekly

月　ヨーガ（大塚須沙子）

火　メビウス気流法（内山いづみ）

水　いのちのヨーガ（抱一）

水　正宗太極拳（大友映男）

金　ほのぼの気功（鳥飼美和子）

金　フェルデンクライス・メソッド（川前涼子）

Bi Weekly

【不定　月2回】
西荻活元会（長本京子）

Monthly

【第2　火】
フラワーエッセンス・セラピー（増田恵子）

【第4　木】
グレースフル・タッチ（塚本正樹）
12月まで

【第1or2　土】
MUワークによるリーディング（和賀昌司）

【第3　日】
カタカムナ音読会（松永暢史）

【第3　日】
月の会（滑川悟志）

【第4　日】
游心流武術健身法（長野峻也）

Gallery

【9月23日～10月8日】

生田ナギ・モノクローム写真展
懸案の旅「雪の子」
於：ステップギャラリー

Special Class

4

●3・17、4・1、15、29、5・12／きくちさかえの春のマタニティクラス（きくちさかえ）●4・5／水をつなぐ　ポエトリー&コンサート　つなぎあわされた虹の輪を（長沢哲夫、内田ボブほか）●4・7／花祭りライブ　詩とエスラージ（梅野泉、向後隆）●4・7／ムーン・レディ　月のサイクルとつながろう！（フェリシティ・オズウェル）●4・8／マンダラ・ワークショップ（フェリシティ・オズウェル）●4・12～7・5（全10回、毎週木）／癒しの仏教瞑想講座（井上ウィマラ）●4・13、5・11、6・15／カ

5

ポイエラ・アンゴラ・レッスン（ラス・マンデラ）●4・14、5・6、6・9、7・7／枠を広げる夢講座（大高せいじ）●4・16、23、5・7／催眠療法個人セッション（阿部かおる、伊藤由美子ほか）●4・22／過去生…ごっこ？（岸僚子）●4・27、28（全5回）／TIBET TIBET完全版上映会
●5・13、19、20／ヒプノセラピストになるための、インテンシブ・トレーニング　ベーシック・コース（岸僚子）●5・14～7・16（全10回、毎週月）／やさしい快医学（野本美保）●5・18／ナモの精神世界～八百屋のナモさ

んと話そう！（長本光男、増田恵子）●5・26～8・4（全7回、隔週土）／ヒプノセラピストになるための、インテンシブ・トレーニング　アドバンスコース（岸僚子）●5・27、6・17／抽象構成作文法（松永暢史）

6

●6・10、24、7・8、8・5、9・22／きくちさかえの夏のマタニティクラス●6・22／MYSTIC MUSIC KEITA from天草 SYNCHRO VIBES（KEITA）

7

●7・1／ライブ　心にピース、はじめましょう（山根麻衣、NEW ARCHAIC SMILE）●7・7／風の塔音楽会2001（下村誠、ロマロマ、花&さっちゃんほか）●7・8／ライブ地球のリズム…息・声…地球のこども（早苗ネネ）●7・24、8・28／疲れた心身を癒す光のことば（大友映男、多田美奈子、わがまさし）

8

●8・5／ナモの精神世界2～星に願いを（長本光男、増田恵子）●8・31／7つのチャクラを癒す　クリスタル・ヒーリング（ジェーン・スティーブ）

9

●9・2／LIVE TALK～身体の知恵を探る（吉福伸逸、高橋実）●9・8～11・10（全5回、隔週土）きくちさかえの秋のマタニティクラス（きくちさかえ）●9・12、26、10・12、26／カポエイラ・アンゴラ・レッスン（ラス・マンデラ）●9・13～11・22（全10回、毎週木）／癒しの仏教講座（井上ウィマラ）●9・15／福岡正信さんと、粘土団子をつくって、お話を聞こう！（福岡正信）●ライフツリーを店入り口につくりました。みんなの夢で織られる生命の木～現在もあります●9・18～10・23（全6回、毎週火）／「今ここ私」に気づくワーク（高橋ペコ）●9・22、10・20／ミニ叡智の学校（体験&説明会）（岸僚子）●9・23、11・25、2・24／大東流合気の術理（吉峯康雄）●9・30／黒井絹ライブ・ヴォイス&ギター（黒井絹）

10

●10・5／和生&有里コンサート（大村カズ&吉本有里）●10・6／ヘンプ・クラフト・ワークショップ（吉本有里）●10・28／ドキュメンタリー・フィルム「The LONG WALK for BIG MOUNTAINビッグマウンテンへの道」完成記念　感謝上映会●10・29、11・5、12／はじめての、手当て（犬飼司郎）

11

●11・3～3・16（全10回、隔週土）／叡智の学校（岸僚子）●11・20、12・18、2・19、3・19／ハワイの風を踊る　アロハフラ（塚原薫）●11・30／クリスタル・ヒーリング（ジェーン・スティーブ）

12 ― 1

●12・8／きくちさかえのマタニティクラス特別編　お産できれいになる！　お産選びのガイダンス（きくちさかえ）●12・9／流星放浪楽団ライブ（流星放浪楽団）

●1・11／倍音楽校・倍音ｓ　ライブ＆ワークショップ（倍音ｓ）●1・17〜3・21（全8回、毎週木）／癒しの仏教講座（井上ウィマラ）●1・26〜3・9（全4回、隔週土）／きくちさかえの冬のマタニティクラス（きくちさかえ）

2 ― 3

●2・17／ワールドワーク〜火のなかに坐る（青木聡）

●3・15／7つのチャクラを癒す　クリスタル・ヒーリング（ジェーン・スティーブ）●3・23／倍音楽校・口琴ワークショップ（倍音ｓ、岡山守治）●3・24、4・20／催眠療法＆体験講座（岸僚子）●3・30／ビデオ・トーク　豊かなアフガン〜アフガニスタンで見てきたこと（吉田比登志）●3・31／女の人のための体講座（犬飼司郎）

2002 4 — 2003 3

Special Class

4

●4・1、15、22／催眠療法個人セッション（阿部かおる、伊藤由美子、本下和代）●4・2／ボディワークジャパンクラス〜エサレン・マッサージ（鎌田万里）●4・7／マンダラ・ワークショップ（フェリシティ・オズウェル）●4・14、6・23／倍音楽校・ホーメイ（倍音唄法）ワークショップ（倍音s、尾引浩志）●4・20、5・25、6・8、22、7・6／きくちさかえの初夏のマタニティクラス●4・21、7・6、9・29、11・24、2・22／誰でも出来る合気の技法（吉峯康雄）●4・27／『熟女少女』（学研）出版記念パーティ（早苗ネネ、星川まり）

5

●5・7／ボディワークジャパンクラス〜フェルデンクライス（大宮チエ子）●5・11、18、19／ヒプノセラピストになるための、インテンシブ・トレーニング　ベーシック・コース（岸僚子）●5・12／金延幸子ライブ

Weekly

月　ヨーガ　（大塚須沙子）

火　メビウス気流法（内山いづみ）

水　正宗太極拳（大友映男）

金　ほのぼの気功（鳥飼美和子）

金　フェルデンクライス・
　　メソッド（川前涼子）

Bi Weekly

【第2 金、第4 月】
西荻活元会（長本京子）

【第3　月or日、第4　土or日】
からだクラブ&こころクラブ
（犬飼司郎、岸僚子）

【第2、4　火】
フラワーエッセンス・セラピー
（増田恵子）9月からは第2火（月1回）

【第2、3　水】
グレースフル・タッチ（塚本正樹）
12月まで

Monthly

【第3 火】ハワイの風を踊るアロハフラ
（Kahealani かおる）

【第4 火】直観占い入門講座
（増田恵子）9月より

【第1or 2 金】MUワークアセンション
プログラム（わがまさし）

【第1or2 土】
MUワークとヒーリングステージ
（わがまさし）

【第3 土】カタカムナ音読法（松永暢史）

【第3 土】月の会（滑川悟志）

【第2 日】游心流武術健身法（長野峻也）

COMECLOSER, MY ANGEL（金延幸子）●5・13～7・15（全10回、毎週月）／やさしい快医学（野本美保）●5・23～7・18（全9回、毎週木）／癒しの仏教瞑想講座（井上ウィマラ）●5・26～8・4（全7回）／ヒプノセラピストになるための、インテンシブ・トレーニング　アドバンスコース（岸僚子）

6

●6・1、15、29、7・13、8・3（全5回）ヒーリング・ライティング～自分史を書く（つなぶちようじ）●6・1／生命の木の下で、「声の福音書」を読む～ポエトリー・リーディング（香月人美、河村悟）●6・4／ボディワークジャパンクラス～タッチフォーヘルス（上田正敏）●6・21、28、7・19、26／カポエイラ・アンゴラ・レッスン（ラス・マンデラ）●6・29／夏越の宵の音魂まつり～あやかしＪＡＭ（山脈ズ、GYPSY EYES）

7

●7・2／ボディワークジャパンクラス～アロママッサージ（安珠）●7・7／狼一過（あるいは山いぬ会議）へおいでんなさい！（語り　すずきかずこ）●7・20、21、27／口琴ワークショップ（倍音s、岡山守治）

8

●8・18／ボディワークジャパンクラス～タイ伝統マッサージ（中倉健）●8・23／ほのぼの気功特別講座　中健次郎さんを迎えて（鳥飼美和子）●8・25／紙で作ろうオモシロ楽器（だるま森）●8・30／7つのチャクラを癒す　クリスタル・ヒーリング（ジェーン・スティーブ）

9

●9・3／ボディワークジャパンクラス～ワッツ（古山律子）●9・7／地球の歌～GAIA SONGS～（下村誠、だるま森、amachiほか）●9・14～11・9（全5回、隔週土）／きくちさかえの秋のマタニティクラス●9・19～11・21（全10回、毎週木）／癒しの仏教瞑想講座（井上ウィマラ）●9・15、23／インド占星術で知るあなたのカルマ！（清水俊介）●9・23／『肉体のアパリシオン』（クレリエール出版）刊行記念祝賀会（河村悟）●9・29～11・24（全5回、隔週日）／ヒーリング・ライティング～自分史を書く（つなぶちようじ）●9・29、10・20／ミニ叡智の学校・体験&説明会（岸僚子）●9・30、3・9／女の人のための体講座～生理を味方にして元気になる（犬飼司郎）

10

●10・6／マンダラ・ワークショップ（フェリシティ・オズウェル）●10・19、12・14／仙道必修行入門（求真坊玄進子）●10・20／音の灯り1　黒井絹ライブ●10・26／アロハ・フラ　ミニコンサート（Kahealani かお

II

る、Aloha Hula Dancers）●10・27／インドの弓楽器エスラジの響き・秋深まる月夜のラーガ（向後隆他）●10・28、11・11、18／はじめての、手当て（犬飼司郎）

●11・2／ジョゼ・ピニェイロ LIVE & TALK SHOW●11・3〜3・16（全10回、隔週日）／叡智の学校（岸僚子）●11・10、24、12・8、22／カポエイラ・アンゴラ・レッスン（ラス・マンデラ）●11・23／音の灯り2　磨（まろ）〜津軽三味線ライブ

I

●1・12／観音様に導かれて〜瞑想指導（小田まゆみ）●1・16〜3・13（全5回、隔週木）／癒しの仏教瞑想講座（井上ウィマラ）

●1・20、27、2・10／催眠療法個人セッションョン（阿部かおる、伊藤由美子、本下和代）

●1・25、2・1、8、3・8、22／きくちさかえの冬のマタニティクラス（きくちさかえ）●1・26／笙（しょう）公開ワークショップ（橋本薫明）

2

●2・1／音の灯り3　ヤマザキヤマト・ライブ（ヤマザキヤマト）●2・15、22、3・1、15、29／笙連続講座（橋本薫明）

3

●3・1／おんらくワークショップ：ひょうたんスピーカー作り（鈴木キヨシ、梶山こうじ）●3・30／アースリズム　地球の音　自然のリズム　ライブ&ワークショップ（鈴木キヨシ）●3・30、4・19／催眠療法入門&体験講座（岸僚子）

2003 4 — 2004 3

Weekly

月　ヨーガ（大塚須沙子）

火　メビウス気流法（内山いづみ）

水　正宗太極拳（大友映男）

金　ほのぼの気功（鳥飼美和子）

金　フェルデンクライス・メソッド（川前涼子）

Bi Weekly

【第1木、第3日】
西荻活元会（長本京子）

【第2、3水】
グレースフル・タッチ（塚本正樹）
12月まで

Monthly

【第2 木】
フラワーエッセンス・セラピー
（増田恵子）

【第3 木】
ハワイの風を踊る　アロハフラ
（Kahealaniかおる）

【不定 月1回】
アロハフラ BASIC STEP CLASS
（Kahealaniかおる）

【第1or2 金】MUワークアセンション
プログラム（わがまさし）

【第1or2 土】MUワークとヒーリング
ステージ（わがまさし）

【第3 日】新体道（木村悟郎）

【第4 火】直観占い入門講座
（増田恵子）

【第4 土】月の会（滑川悟志）

Gallery

【9月14日～28日】
ドナルド・マルティン・マヤ絵画展
於：ステップギャラリー

Special Class

4

●4・5／あんたたちだけよ！そんなにぶるぶるっさせてくれるのは！～倍倍倍倍倍倍・倍音s　ライブ●4・6／マンダラ・ワークショップ（フェリシティ・オズウェル）●4・13、7・20、10・4、12・7、3・14／カタカムナ音読法（松永暢史）●4・13、6・29、9・28、11・30、2・29／誰でも出来る合気の技法（吉峯康雄）●4・21、28、5・12／催眠療法個人セッション（阿部かおる、落合淳子、鈴木瑞穂、本下和代）●4・26、5・24、6・14、28、7・12／きくちさかえの初夏のマタニティクラス（きくちさかえ）●4・27／自分と遊ぼう～アート表現と自己解放（渡辺えり代）●4・29／だるま森の紙のおもしろ楽器づくり～大型タンバリンをつくって演奏しよう！（だるま森）

5

●5・10、17、18／ヒプノセラピストになるための、トレーニングコース　ベーシッククラス（岸僚子）●5・12～7・14（全10回、毎週月）／やさしい快医学（野本美保）●5・25、7・27、10・26、12・21、2・29／からだクラブ&こころクラブ（犬飼司郎、岸僚子）●5・30、6・6、20、27、7・18／笙連続講座（橋本薫明）●5・31～8・9（全7回、

隔週土）／ヒプノセラピストになるための、トレーニングコース　アドバンスクラス（岸僚子）

6

●6・1／自分と遊ぼう〜アート表現で自分自身を見つめる（渡辺えり代）●6・15／おんらく・わくわーくショップ　アイヌの歌／ウポポを歌おう！（床絵美、鈴木キヨシほか）

●6・22／音の灯り4 NATIVE WINDS LIVE〜地を這う響き、空に翔ぶ音（KAYA）

7

●7・1、10、17／BELLY DANCE〜スピリチュアル・オリエンタル・ダンス（ナジャ）●7・6、13、27／体の様子から魂のメッセージを受け取る（木田雅子）

8

●8・1／BAGAIMANA LIVE〜フリージャズナイト（バガイマナ）●8・30／呼吸法（加藤眞智子）

9

●9・7／自分自身と対話しよう！〜アート表現と自己解放（渡辺えり代）●9・19／ケニアのスライド・ショー＋カリンバライブ「迷ったら、耳をすます」（早川千晶、近藤ヒロミ）●9・20〜11・29（全5回、隔週土）／きくちさかえの秋のマタニティクラス（きくちさかえ）●9・22、10・6、20／催眠療法個人セッション（阿部かおる、落合淳子ほか）●9・27、10・18／ミニ叡智の学校　体験＆説明会（岸僚子）

10

●10・5／マンダラ・ワークショップ（フェリシティ・オズウェル）●10・12／DHARMA LIVE TALK〜「仏教と私」（ニチャン・リンポチェ、梅野泉）●10・14、23、30／BELLY DANCE〜スピリチュアル・オリエンタル・ダンス（ナジャ）●10・18／ジョゼ・ピニェイロ・ライブ〜みち・みえないしぜん（ジョゼ・ピニェイロ）●10・25／アロハ・フラ　ミニコンサート（Kahealani、Aloha Hula Dancers、あまりあ）

11

●11・9／おんらく・わくわーくショップ　アイヌの歌／ウポポを歌おう！2（床絵美、鈴木キヨシほか）●11・14、21、28、12・5、11、26／陰陽五行算命学入門（ジュピター・スワン）●11・23／『オローニの日々』（スタジオ・リーフ）出版記念TALK SHOW〜野性とコスモポリタン（マルコム・マーゴリン、ななおさかき）●11・30／みんなで楽しもう！　ドラム・サークル（佐々木薫）

12

●12・7／笙・龍笛ライブ　平安の夢と響き（五井正道、橋本薫明、笙の会）●12・23／冬至のMEDITATIONAL TRIP LIVE（KAYA、青山雅明）

1

●1・12／カリンバ・ライブ（スズキキヨシ）

●1・13、22、29／BELLY DANCE～スピリチュアル・オリエンタル・ダンス（ナジャ）●1・18、2・1、8／体の様子から魂のメッセージを受け取る（木田雅子）●1・25、2・22、3・28（2コマずつ・全6回）／マドモアゼル朱鷺のタロット講座●1・31／自分の体のチカラを活かす講座～いい眠り、いいお風呂（犬飼司郎）

2

●2・8／男をぬぐ、女をぬぐ、みんなぬぐ（蔦森樹）

3

●3・7／始原からのアート～魂の飛跡を描く（関根秀樹）●3・7／音の灯り5 山北健一 パーカッション・ソロ・ライブ●3・25／詩と歌の集まり～春風めぐる（長沢哲夫、内田ボブ）●3・27、4・18／催眠療法入門&体験講座（岸僚子）

2004 4 — 2005 3

Special Class

4

●4・3、3・26／自分の体のチカラを活かす講座1&5〜生理というチャンスを最大限に活かす（犬飼司郎）●4・11／ナワプラサード10周年記念パーティ　お点前（畏岩ナオミ）、詩朗読（梅野泉）ほか●4・16／ターラと聖なるダンスの夕べ（フェリシティ・オズウェルほか）●4・17／マンダラ・ワークショップ（フェリシティ・オズウェル）●4・24、5・1、15、29、6・12／きくちさかえの初夏のマタニティ・クラス（きくちさかえ）●4・25／ドラム・サークル（佐々木薫）●4・25、8・22、10・24、1・30／誰でも出来る合気の技法（吉峯康雄）

5

●5・8、9、16／ヒプノセラピストになるための、インテンシブトレーニング・ベーシックコース（岸僚子）●5・10〜7・12（全10回、毎週月）／やさしい快医学（野本美保）●5・22〜8・7（全7回）／ヒプノセラピストになるための、インテンシブトレーニング　アドバンスコース（岸僚子）●5・23／山根麻衣＋NEW ARCHAIC SMILE LIVE〜やさしいきもち●5・29／自分の体のチカラを活かす講座2〜自分の体の『快』を深める（犬飼司郎）

Weekly

月　ヨーガ（大塚須沙子）

水　正宗太極拳（大友映男）

金　ほのぼの気功（鳥飼美和子）

金　フェルデンクライス・メソッド（川前涼子）

Bi Weekly

【第1 木、第3 日】
西荻活元会（長本京子）

Monthly

【第3 木】
ハワイの風を踊る　アロハフラ（Kahealaniかおる）

【第4 火】心と体の癒しのヨーガ（梅沢洋子、高山郁子）

【第1or2 金】MUワークアセンションプログラム（わがまさし）

【第1or2 土】MUワークとヒーリングステージ（わがまさし）

【第3 土or第4 日】
フラスピリットに触れる
Ho'omaka Class（Kahealaniかおる）

【第3日】新体道（木村悟郎）

Gallery

【6月26日〜7月11日】
平井哲藏Tシャツ展
POSITIVE VIBRATION
ボブ・マーリーメッセージTシャツ
於：ステップギャラリー

【8月20日〜9月12日】
AFRICAN TEXTILE展
於：ステップギャラリー

6

●6・8、15、22／BELLY DANCE～スピリチュアル・オリエンタル・ダンス（ナジャ）●6・13／大地のリズムをたたいてうたおう～ライブ&アフリカンドラムワークショップ（オランド・ビングル）●6・13／グアテマラジャングルのスライドトーク&ライブペインティング（大田美保、マルティン）●6・25、7・23、10・29、12・3、1・28、3・18／I LOVE BOOKS!～よみびとの会（梅野泉）●6・26、7・10、24／手当て基礎講座（犬飼司郎）●6・27／オリジナル絵本をつくろう!～アート表現と自己探求（渡辺えり代）●6・27／マドモアゼル朱鷺のタロット初級講座（マドモアゼル朱鷺）

7

●7・4、11・7／カタカムナ音読法（松永暢史）●7・4／音の灯り6　さすらいの馬頭琴&ホーミー男（岡林立哉）●7・11／あわわ座＊たまふりあそびうた（サヨコ、ビングル圭子、OTO）●7・25／EMME ライブ～風になって（Emmeほか）

8

●8・29、30／たんぷ～らな人　SoulノヨロコブWorkshop（さら）●8・29、9・26、10・31（2コマずつ・全6回）／マドモアゼル朱鷺のタロット初級講座

9

●9・5、12、26／体の様子から魂のメッセージを受け取る（木田雅子）●9・7、14、21／BELLY DANCE～スピリチュアル・オリエンタル・ダンス（ナジャ）●9・18／UooMoo ライブ（UooMoo）●9・20／DHARMA TALK LIVE～「ターラ菩薩」（ニチャン・リンポチェ、梅野泉）●9・23／ドラム・サークル（佐々木薫）

10

●10・2／Moon Light Jam Session（KOH-TAO、向後隆）●10・10／マンダラ・ワークショップ（フェリシティ・オズウェル）●10・11／LIVE TALK SHOW～女のたしなみ、女のからだ（三砂ちづる、ナビィ）●10・16／自分の体のチカラを活かす講座3～肩こり、腰痛（犬飼司郎）●10・24／灯をともすこと、消さないこと、消えてもあわてないこと～吉福伸逸ワークショップ●10・30／口琴ワークショップ（岡山守治十口琴オーケストラ）

11

●11・5／SOUND HEALING～チベタン・ボウル・コンサート（Kenny Lee Parker）●11・7／南正人　アコースティック・デュオ・ライブ（南正人、萩原信義）●11・9、16、30／BELLY DANCE～スピリチュアル・オリエンタル・ダンス（ナジャ）●11・14／あなたが本当にやりたいことって何ですか？　～アート表現と自己探求（渡辺えり代）●11・17、

24、12・8／催眠療法個人セッション（落合淳子、鈴木瑞穂、本下和代）●11・27／自分の体のチカラを活かす講座4～ツボ追い（犬飼司郎）●11・28／サンヌ・サンヌ（ゆっくりゆっくり）～オスマン・オランド・ビングル・ライブ

12

●12・7／『ガイアの園』出版記念トーク＆ミニ・ワークショップ（小田まゆみ、植草ますみ）●12・18／南條倖司＆まあファミリーズ　ライブ　Peace!

1

●1・22／星に聞く～この時代を生きるには（鏡リュウジ）●1・23／10面＆20面　サイコロ学習法　出版記念著者直売直伝講座（松永暢史、梅本泰成）●1・29～3・26（全5回、隔週土）／きくちさかえの冬のマタニティクラス（きくちさかえ）●1・29／音魂瞑想（小嶋さちほ）

2

●2・20、3・26、4・23／催眠療法入門＆体験講座（岸僚子）●2・25、3・25／月の会～月の遠近ウェーブ解説（滑川悟志）●2・26／ALOHA HULA HOIKE（発表会）（Kahealaniかおる、Aloha Hula Dancers）●2・27／Emme Live～唄えや唄え、奏でや奏で（Emme、朱鷺たたら、かりん）

3

●3・8、15、22／BELLY DANCE～スピリチュアル・オリエンタル・ダンス（ナジャ）●3・27／マドモアゼル朱鷺のタロット講座：中級クラス～小アルカナ

2005 4 — 2006 3

SPECIAL CLASS

4 — 5

●4・8／花祭りを祝って〜人間の七つの貴重な特性（パトゥル・リンポチェ）●4・10、5・29、6・12／マドモアゼル朱鷺のタロット講座＊初級クラス（マドモアゼル朱鷺）●4・16／詩と歌の集まり〜春風めぐる（長沢哲夫、内田ボブ、アラン・グリースン）●4・17／マンダラ・ワークショップ（フェリシティ・オズウェル）●4・23、30、5・21、6・4、18／きくちさかえの初夏のマタニティクラス（きくちさかえ）●5・3／カタカムナ音読法番外編・日本国憲法音読会（松永暢史）●5・8、14、15／ヒプノセラピストになるための、インテンシブトレーニング・ベーシックコース（岸僚子）●5・9〜7・11（全10回、毎週月）／やさしい快医学（野本美保）●5・20／ふつうにいきたいね〜五月の風・南正人アコースティック・デュオ・ライブ（南正人、萩原信義）●5・21／自分の体のチカラを活かす講座1〜肩こり・腰痛・目の疲れ（犬飼司郎）●5・24、6・7、21／催眠療法個人セッション（井村絵里子、福原香織、松丸美江子、毛利直子）●5・27、7・1、9・9、10・14、12・9、2・10、3・3／I LOVE

WEEKLY

月　ヨーガ（大塚須沙子）

水　正宗太極拳（大友映男）

木　新体道（木村悟郎）6月より

金　ほのぼの気功（鳥飼美和子）

金　フェルデンクライス・メソッド（川前涼子）

BI WEEKLY

【第1 木、第3 日】
西荻活元会（長本京子）

【第2・4 木】
心と体の癒しのヨーガ
（梅沢洋子、高山郁子）

MONTHLY

【第3 木】
ハワイの風を踊る　アロハフラ
（Kahealaniかおる）

【第1 or 2 土】
光の自己表現ワークショップ
（わがまさし）

【第3 土 or 第4 日】
フラスピリットに触れる
Ho'omaka Class
（Kahealani かおる）

【第3日】新体道（木村悟郎）

GALLERY

【9月16日〜30日】
プチギャラリー『ハッキャロー!』
OPEN記念　河村悟　エンジェリック・ポラロイド展〜夜須礼花
於プチ・ギャラリー・ハッキャロー!

【11月3日〜14日】
波紋音/SLIT DRUM MAGICK
斎藤鉄平展
於プチ・ギャラリー・ハッキャロー!

【3月20日〜26日】
桑原有毅作品展「光暈（こううん）」
於プチ・ギャラリー・ハッキャロー!

BOOKS!~よみびとの会（梅野泉）●5・28~8・6（全7回、隔週土）／ヒプノセラピストになるための、インテンシブトレーニング　アドバンスコース（岸僚子）

6

●6・24、9・30、12・16／月の会~月の遠近ウェーブ解説（滑川悟志）●6・26／13の月の暦~シンクロニックな時間を楽しく遊ぶコツ（小原大典）

7

●7・3／エスラジによる瞑想音楽ごこのめいそう~AFTERNOON MEDITATION（向後隆ほか）●7・3、9・25、3・26／誰でもできる合気の技法（吉峯康雄）●7・10／RESPECT NATUREオスマン・オランド・ビングル　LIVE &TALK（オスマン・オランド・ビングル）●7・16／自分の体のチカラを活かす講座2~アトピーのためにできること（犬飼司郎）●7・24／みんなで探ろう、身体の知恵~女のたしなみ、女のからだ2（三砂ちづる、ナビィ）

9

●9・4／ブラジル音楽の果実　ジョゼ・ピニェイロ・ライブ~時間の河●9・10／自分の体のチカラを活かす講座3~風邪ひき名人になろう！（犬飼司郎）●9・17／プチギャラリー『ハッキャロー！』オープニング・パーティ●9・19、10・9、23、11・13、27（隔週日）／きくちさかえの秋のマタニティクラス（きくちさかえ）

11

●11・6／さざなみめいそう~波紋音ライヴ（永田砂知子）●11・15、29、12・13／催眠療法個人セッション（井村絵里子、福原香織ほか）●11・26／メヘンディ・アート講習会（パティル・シーマ・長澤）●11・26／聞香と書で五感を活性化しよう（渡辺えり代）

12

●12・3／自分の体のチカラを活かす講座4~ツボ追い（犬飼司郎）●12・11／パロゴ・リズム・ワークショップ（オスマン・オランド・ビングル）●12・23／WINTER SOLSTICE DANCE NIGHTS~BUTOH DANCE「神聖舞踏」（高橋実）●12・25／WINTER SOLSTICE DANCE NIGHTS~Oriental Dance「おうまがとき」（Sasa）

1

●1・7／新体道と瞑想の会（木村悟郎十尚眼大姉）●1・14、3・5／コンシャス・ヒーリング~クレイワーク（河野秀海）●1・28~3・18（全5回、隔週土）／きくちさかえの初春のマタニティクラス（きくちさかえ）●1・29／短編ドキュメンタリー「Escape Over the Himalaya~ヒマラヤを越える子どもたち」上映会

2

●2・24／カーストの壁とたたかうボディ・ダンマ禅士~不可触民から世界の花へ●2・

3

25／ホビット一滴会　新体道と瞑想の会2～呼気を吐き尽くす（尚眼大姉）●2・25、3・25、4・22（土・夜、3月のみ昼）催眠療法入門&体験講座（岸僚子）●2・26／新春口琴音祭り（岡山守治、ケイイチ、他）●3・10／スピリチュアル・ダイアログ「ぼくらの歩いてきた道～そしてこれから」（星川淳、菅靖彦）●3・14、21、28（全3回）BELLY DANCE～スピリチュアル・オリエンタル・ダンス（ナジャ）●3・25／自分の体のチカラを活かす講座5～打撲・ねんざのケア、応急処置、古い影響をとる（犬飼司郎）●3・26日／ホビット一滴会　新体道と瞑想の会3（木村悟郎、尚眼大姉）

2006 4 — 2006 12

Special Class

5 ― 4

●4・7、5・19、7・21、11・14／I LOVE BOOKS!～よみびとの会（梅野泉）●4・15／ALOHA HULA HOIKE（Aloha Hula Dancers、Kahealani）●4・16／フェリシティのマンダラ・ワークショップ（フェリシティ・オズウェル）●4・21／詩と歌の集まり（ナーガ長沢哲夫、内田ボブ）●4・22～6・27（全5回、隔週土）きくちさかえの初夏のマタニティ・クラス（きくちさかえ）●5・8～7・10（全10回、毎週月）やさしい快医学（野本美保）●5・14、20、21／ヒプノセラピストになるための、インテンシブ

6

トレーニング・ベーシックコース（岸僚子）●5・16／トークと瞑想の会「母なる大地・母なる女神」（小田まゆみ）●5・27、7・2、9・10、11・18／桃山晴衣ワークショップ～うたをとり戻す（桃山晴衣）●5・28、6・24、7・22、9・17、10・15、11・12／ホビット一滴会～新体道と瞑想の会（尚眼大姉、木村悟郎）●6・3～8・19（全7回、隔週土）／ヒプノセラピストになるための、インテンシブトレーニング　アドバンスコース（岸僚子）●6・4／DHARMA TALK+SLIDE SHOW 仏陀の

Weekly

月　ヨーガ（大塚須沙子）

水　正宗太極拳（大友映男）

木　新体道（木村悟郎）

金　ほのぼの気功（鳥飼美和子）

金　フェルデンクライス・
　　メソッド（川前涼子）

Bi Weekly

【第1 木、第3 日】
西荻活元会（長本京子）

Monthly

【第1 or2 土】
光の自己表現～ぴかぴか工房
（野村そのこ）

【第3 木】ハワイの風を踊る
アロハフラ（Kahealani かおる）

【第3 日】新体道（木村悟郎）

【第4 木】
アレキサンダー・テクニーク
（芹沢紀美子）

【第4 金】
ラージャ・ヨーガ
（笹本Evelyn、吉川和子、長谷川伸幸）

Gallery

【8月1日～31日】
アフリカン・テキスタイル展
於プチ・ギャラリー・
ハッキャロー！

【1月26日～3月4日】
内海朗墨絵展
於プチ・ギャラリー・
ハッキャロー！

足跡と教え（ニチャン・リンポチェ、梅野泉）●6・18、9・10、12・3／誰でもできる合気の技法（吉峯康雄）●6・25／13の月の暦〜シンクロニシティを遊ぶ（小原大典）

7

●7・8／夢見る星祭り〜夢語りinほびっと村（櫻ひなこ、蓼光）●7・9／カタカムナ音読法●7・17／アイデコしんや　超捻転ライブ（アイデコしんや他）●7・22／日本の霊性について、出口信一さんに聞く（出口信一、大友映男）

8

●8・25／ブラジル音楽の果実　ジョゼ・ピニェイロ・ライブ

9

●9・2／SHASTA MAGIC LIVE（チャーリー宮本ほか）●9・5／吉福伸逸ミニ・ワークショップ〜女と男とセクシュアリティと（吉福伸逸）●9・30〜11・25（全5回、隔週土）／きくちさかえの秋のマタニティ・クラス（きくちさかえ）●9・30／知久寿焼〜のんびりライブ（知久寿焼）

10

●10・1／メディスン・ブッダ・ダンス〜薬師如来の癒しのダンス（フェリシティ・オズウェル）●10・6／ターラ・イブニング〜ターラ礼賛経のダンス（フェリシティ・オズウェル）●10・21／ヘッド・リラクゼーション〜頭と意識のやすらぎ（パティル・シーマ・長澤）●10・21／Happy Ambient "KAVA" トーク&ライブ（蛭川立、N.A.S.S.）●10・28／自分のからだのチカラを活かす講座〜風邪を上手に経過させる、整体術（犬飼司郎）

11

●11・4／天を仰げば、いつもみ空〜金延幸子ライブ●11・14、21、12・5／催眠療法個人セッション（阿部かおる、落合淳子、鈴木瑞穂、本下和代）●11・26〜12・10（全3回、毎週日）ペコ・ワーク〜今、ここ、に気づく（高橋ペコ）

12

●12・2／自分のからだのチカラを活かす講座〜一年分の体の疲れを癒す・ツボ追い（犬飼司郎）●12・16／追悼宇野多美恵先生 カタカムナ音読会（松永暢史）●12・24、1・28、2・25／霊界物語読書会（出口信一）

プラサード書店から
ナワプラサードへ

1976〜1994

槇田きこり但人
冨士山御師／プラサード書店代表

吉祥寺駅よりひとつ新宿側の西荻窪に「ほびっと村」というビル共同体がある。その三階に「ほびっと村学校」があり、「プラサード書店」があった。村が誕生したのは一九七六年。日本で初めてオーガニック野菜を専門に扱う八百屋となるナモショーカイこと「長本兄弟商会」、店の内装からアクセサリーまで作ってしまう「ジャムハウス」、べ平連運動の流れをくむ喫茶店「ほんやら洞」も入っていた。

きっかけは前年の一九七五年、四月に沖縄を出発し一〇月には北海道まで到達した「ミルキーウェイ・キャラバン」。日本中に散らばるコミューン運動に携わる者やヒッピーによるムーブメントで、わたしは事務局をつとめていた。最後に北海道藻琴山の「宇宙平和会議」で、全国的なネットワークと情報の共有化の必要が確認された。その直後から、東京の中央線沿線で活動する様々なグループが毎月会合を持つようになり、ひとつのビルを共同で運営する企画が持ちこまれた。最終的にビルの共同運営に残ったのは、上記の三事業体とプラサード編集室だった。

プラサード編集室は先の宇宙平和会議を受け、高度経済成長にまったく逆の生き方を提案する本の編集出版をやろうと集まった八人のプロジェクト。わたし以外に、山尾三省、おおえまさのり、星川淳などが参加し、編集代表はフリープレス「名前のない新聞」のあぱっちこと浜田光が務めた。宇宙や世界の認識といった章もあったが、多くはエコロジー運動で探求した環境に負担のない手作りの生活技術、共同体運動の生活で学んだ人間関係、フリースクール、旅などの項目が並んだ「もうひとつの生き方のための百科全書」を目指し、複数巻を計画した。当時北米で評判だった「The Whole Earth Catalog」の影響も受けていた。本は数年後に「やさしいかくめい」というシリーズ名で二冊出版することができた。

編集の途中で経費節約のため編集室は移転し、九畳ほどの部屋が空いた。せっかくのビル共同体であり、ほびっと村学校の前身である西荻フリースクールの運営も担当していたので、わたしが本屋を開くことにした。なぜ本屋か。「やさしいかくめい」シリーズで本や情報をたくさん紹介するので、それらをいつでも手に取れ、最新情報を入手できるセンターが必要だと思ったからである。

プラサード書店は一九七七年一〇月に開店したが、友人からもらった古本と三つの出版社の本を並べただけ。手作りの本棚にほとんど本は並んでいなかった。出版社と本屋を取り持つのは問屋ではなく取次店の配本という存在だ。本屋のレベルに応じて新刊が配本され、買取りではなく返品できる委託制度によって成り立つ。こちらは好きな本や必要な情報のみを扱う店だ。今でいえばセレクトショップ。だからどこの取次店とも契約はできなかった。店舗規模にあった保証金も出せなかった訳だが。

ではということで、置きたい本をたくさん出している出版社にお願いして、預からせてもらった。大手の出版社で相手をしてくれるところも少しはあった。中小出版社はおおむね好意的に対応してくれ、売れたら支払うというだけの口約束で本を貸してくれた。欲しい本を出している出版社すべてにお願いする訳にもいかないので、複数の取次店の倉庫で調達したり注文を出させてもらった。もちろん個人の自主出版物やミニコミなどの取り扱いは優遇した。開店して半年で棚全体に本は並び、一年したころにはインドの出版社や北米西海岸のバークレイにあったカウンターカルチャー系から大出版社まで扱う書籍問屋からも取り寄せることができるようになった。

自然食、有機農業、ヨガ、太極拳、瞑想、東洋哲学など、村やほびっと村学校などに縁があるテーマのものがよく売れた。キャッチフレーズは「百姓の本屋」。棚は「産む」「育てる」「癒す」「耕す」などという動詞のコーナー名にして、文庫本も大型本も一緒くたに並べた。

「精神世界」というジャンルがある。雑誌「The Meditation」のキャンペーンで、このキーワードが開店直後から評判になった。吉福伸逸さんらのC+Fコミュニケーションズが執筆した同誌や「別冊宝島」での精神世界の本特集があり、タイアップしたブックフェアと通信販売で、広く店は知られるようになってきた。海外からの書籍輸入販売は、どの店より安く売っても利益は大きかった。瞑想音楽やヒーリングミュージックのメディアも輸入をした。開店二年後には、売り場面積当たりの売り上げ額が日本一の本屋だと業界で言われた。単位面積当たりは高いかもしれないが、たった四坪の店を三、四人で運営していた。それでも店はなんとかやっていけて、スタッフもどうにか食べられるようになった。

Ｃ＋Ｆが参加していた新宿のスタジオＡＬＴＡの開設企画で吉福さんに、「新宿にプラサード書店の支店を作ろう」と言われたが、セレクトショップに支店やチェーン店は似合わないと断った。代わりにスタッフに独立を勧め、「木風舎」という山と自然をテーマにした本屋が誕生した。ほかにも独自のテーマで本屋を開きたいという声があれば支援し、何軒かが開業した。

一九八一年には山尾三省の最初の著作『聖老人』の企画・編集から発行までを、プラサード書店ですることができた。編集室、八百屋時代までのサンセイは、一般誌では『思想の科学』に数度執筆していたほどだった。プラサードの名付け親であり編集室やほびっと村創設メンバーだったが、開村半年で屋久島に移住した彼の書き溜めたものをなんとか世に出したかった。本屋と学校の運営の片手間だったが、その後もプラサード書店から二冊の本を出版した。三冊目の『No Nukes One Love』は「いのちの祭り'88」の報告集であったが、貯えた金のすべてだけではなく借金まで作って出してしまった。DTP時代が到来しておらず、カラー印刷が混じった出版物を出すにはリスクが大きかった。ビデオなら個人でダビングしても人に手渡せるので、ビデオカメラを手にしてビデオ出版もやった。

そんな一九九〇年ごろ、高橋ゆりこがプラサード書店に入ってきた。彼女は一時期C+Fのメンバーであったし、西荻育ちの人でもあった。初代鶴田静から数えて四代目の洋書担当である。しかし、ゆりこが入ってしばらくした一九九二年の夏、僕は店を辞める決意をした。生家のある富士吉田へ帰ることにしたのだ。店を閉めるという選択肢もあったが、ほびっと村学校の運営もあり、せっかくプラサードという本屋を与えられて、この場があるのに辞めてしまうのはもったいない。誰かが受け継いでくれることを願った。輸入書が店の利益の柱のひとつであり、スタッフ数人の中でゆりこの選書感覚がわたしに一番近かったので、彼女を後継に指名した。

こうして、ゆりこが本屋と学校を引き受けてくれたのだが、プラサード書店という名をそのまま受け継ぎたいという。「プラサード」とはサンスクリット語で「神様への贈りもの」かつ「神様からの授かりもの」、ヨガの最終一〇段階目として「人が神になる」ことなど、様々な意味を持つ言葉だ。僕は支店やチェーン展開を良しとしなかったのと同じ気持ちで、新しい事業主体は新しい名前を持った方がいいと思っていた。プラサード書店には出版と卸部門があり今でも富士山で続いていることなので、別に名前を付けてもらわなければならなかった。

新しい名前はなかなか決まらなかった。

ネパール人の友人にイソール・グルンがいた。ネパーリ・ビートのバンドリーダーで、ボーカルもソングライターも担当していて、サンスクリット語にも長けていた。ゆりこと三人で話していたら、

「新しい贈り物ね。それなら、なわぷらさーどだよ」

「えっ、名はプラサード？」

「違うよ。新しいというサンスクリット語はナワというんだ。ナワ

プラサードがいいんじゃない！」

こうして、ほびっと村の本屋はプラサード書店からナワプラサードへ生まれ変わったのだ。

あとがき

　思わぬ難産になった本だった。長い胎児期を経て、ようやく生まれてくれた。つくづく、たくさんの人たちが関わって、本ってできるんだな、と納得した。これまでは売る方だったので、あらたな体験をさせてもらえて、ありがとう、です。このありがとうは、目に見えぬちからに対して、そして、次のありがとう、は、関わってくれたすべての人たちに。

　かわら版の編集後記が本にできる、という最初のアイデアの種をくれた詩人の河村悟さん。そして二年半前、アランが大きな声で本にしようよ、って言ってくれなかったら、わたしはその気になれなかった。それから編集委員会みたいにわたしを励ましてくれたフリーエディターの高田勝弘さん、旧ほんコミニケート社の五味正彦さん、かわら版をいっしょにつくってきて、今回は美しい墨絵のイラストを提供してくれた内海朗さん。ほんとにありがとう。わたしの文章に対して、「いいねぇ〜」と言ったらしい？　野草社・新泉社の社長の石垣雅設さん。実はとても嬉しかった。でる、と決まってからは、屋久島から、わたしを気長に叱咤激励してくれた兵頭未香子さん、すてきなレイアウトを担当してくれた細山田デザイン事務所の奥山志乃さん、冷静にことを運んでくれた新泉社編集長の竹内将彦さん、どうもありがとう。

それにうんうん言いながら、書評の文章を書いてくれた新旧スタッフのみんな（特にまっちゃん、結ちゃん）、家に帰るといつもわたしを笑わせてくれる娘の令と妃乃、それに一二年前、この大切な書店を手渡してくれたきこりさん、ありがとう。それに、ほびっと村コミュニティを支えてくれる各講座の講師の人たち、友人たち、お客さんたち、おいしい八百屋ナモ商会＋食堂バルタザール、もうきりがないけれど、どうもありがとうぉぉぉぉぉ!!

ナワプラサードはプラサード書店時代も入れると、東京・西荻窪にもう三〇年もユニークな本屋として長らえてきました。今だ続いていることが奇跡のような、知る人ぞ知るの本屋ですが、時代がまた一巡りして、あらたに発見してくれる人たちを待っています。帯にもありますが、たのしくふかい暮らし方の本を、並べていきたいと思っています。LOVE & PEACEの基本は、自分を美しいもので律することだと思います。そして、からだところ、大きな地球と見えない深いちから、その謎を少しでもみんなとわかちあいたいです。

二〇〇六年一二月　ナワプラサードのカウンターにて　高橋ゆりこ☆☆

高橋ゆりこ　たかはしゆりこ

東京・西荻窪生まれ。94年より、ほびっと村学校とナワプラサード（書店）を主宰。共訳書に『タントラ〜狂気の智慧』（チョギャム・トルゥンパ著、めるくまーる）、『マジカル・チャイルド育児法』（ジョセフ・チルトン・ピアス著、日本教文社）など。好きなものは、空、雲、葉脈、花、炭、人智を超えたもの、料理。人間は複雑すぎて、まだまだ勉強中です、いちばんの謎かも。

初出
『ほびっと村学校かわら版』一九九四年四月〜二〇〇六年一二月

LOVE & PEACE

ナワプラサードが選ぶ100冊の本

二〇〇七年二月五日　第一版第一刷発行

編著者　高橋ゆりこ◎たかはしゆりこ
発行者　石垣雅設
発行所　野草社
東京都文京区本郷二－五－一二
電話　〇三－三八一五－一七〇一
ファックス　〇三－三八一五－一四二二
発売元　新泉社
東京都文京区本郷二－五－一二
電話　〇三－三八一五－一六六二
ファックス　〇三－三八一五－一四二二

デザイン　奥山志乃（細山田デザイン事務所）
編集協力　兵頭未香子
印刷　萩原印刷
製本　榎本製本

ISBN 978-4-7877-0681-2 C0095　Printed in Japan

山尾三省

原郷への道

四六判上製／256頁／1700円

森の時、川の時、海の時……。四半世紀を屋久島の森に住み、直進する文明の時間ではなく、回帰する自然の時間に学び、この時を大切に生きた詩人・山尾三省。鹿児島発の「文化ジャーナル鹿児島」、屋久島発の「生命の島」、二つの地元誌に連載したエッセイを収録。

山尾三省

観音経の森を歩く

四六判上製／240頁／1700円

「観音性こそが私の人間性である」――『法華経の森を歩く』で、「法華経」を万人に普遍的な真実の言葉として、狭い宗教・宗派の呪縛から解き放った詩人は、その第25章「観世音菩薩普門品」に更に深く分け入り、病と向きあうなかで全20回の完結を見たのである。

山尾三省詩集

びろう葉帽子の下で

四六判上製／368頁／2500円

「歌のまこと」「地霊」「水が流れている」「縄文の火」「びろう葉帽子の下で」と名付けられた、全５部252篇の言霊は、この「生命の危機」の時代に生きる私達の精神の根を揺り動かさずにはいない。詩人の魂は私達の原初の魂であり、詩人のうたは私達の母の声なのだ。

山尾三省詩集

祈り

Ａ5判上製／160頁／2000円

2002年８月28日、訪れた読者とともに屋久島で初めての「三省忌」が行われた。その日出版された本書は、未発表作品、未収録作品を中心に編集された８冊目の詩集である。木となり、森となり、山となり、海となり、魂は星となり、光となって、詩人は今日も詩い続ける。

山尾三省・文／山下大明・写真

水が流れている

屋久島のいのちの森から

Ｂ6判上製／104頁／1400円

屋久島の深い森をはぐくむ豊かな水の恵み。屋久島の森に暮らし、自らの生を見つめつづけた詩人と、屋久島の森に通い、いのちの時間を撮りつづける写真家。二人の作品が織りなす「水」への讃歌集。久しく入手不可能だった幻の書が、いま、野草社版として蘇る。

山下大明文・写真

森の中の小さなテント

Ａ5判変型上製／148頁／1800円

テントで寝起きしながら屋久島の深い森に通い、そこに積み重なっていくいのちの実相を撮り続ける写真家。雨の暖かさ、樹のぬくもり、森の音の豊かさ、巡りゆくいのちの確かさ……失われた感覚と生死の輝きを呼び覚ます、雑誌「生命の島」の連載を編集した写文集。

ナナオサカキ 詩集

犬も歩けば 新装

Ａ5判並製／144頁／1800円

日本で初めて出版されたナナオサカキ詩集、待望の復刊！　詩人アレン・ギンズバーグに「ナナオの両手は頼りになる　星のように鋭いペンと斧」と讃えられたナナオ。詩は世界17カ国で翻訳され、大学やコミューンで催される朗読会では熱狂を持って迎えられる。

〈表示価格は税別〉